イラストでわかる日本の仏さま

日本の仏研究会
カワグチ ニラコ〔イラスト〕
ロータス さわこ〔テキスト〕

中経の文庫

はじめに

仏像をたずねてお寺めぐりをするのが、秘かなブームだといわれています。また昨今、博物館での仏像の展示には長い行列ができ、ご年配から若い女性まで、仏鑑賞が趣味、という人が増えているそうです。

いまなぜ、仏さまが人気なのでしょうか？

仏さまの発祥地は、釈迦が生まれたインドです。初期の仏教では偶像崇拝はなく、釈迦の遺骨（舎利《しゃり》）を納めた仏塔（ストゥーパ）や、釈迦の生涯を記した仏伝図が礼拝の対象でした。仏伝図でも釈迦のすがたは描かれず、蓮華や菩提樹《ぼだいじゅ》などにシンボル化されています。

しかし、釈迦の入滅から四、五百年経った紀元一世紀後半ごろから、パキスタンのガンダーラとインドのマトゥーラで仏像が作られるようになりました。

インドからはじまった仏教は、アジア広域にわたって伝播しました。中国には紀元一世紀ごろ、朝鮮半島は四世紀、そして日本に伝来したのが六世紀半ごろです。

日本では古来の神々と習合しながら徐々に広まり、遣隋使や遣唐使を通じて中国から直接伝えられたこともあり、いつしか仏教信仰が盛んになりました。

このように、仏教は飛鳥時代から深く日本に根付いており、日本人とは切っても切り離せません。現代で仏さまが注目されているのは、日本に昔からある良きものが見直されているからではないでしょうか。外に物質を追い求める時代から、もともと日本にあった精神の豊かさを再評価する時代が来ているのかもしれません。

仏と向き合うことは、内なる自分、真の自分に向き合うこと。

見る人の心により、仏さまの表情はさまざまに変化し、語りかける言葉も異なって聞こえます。ぜひ、仏さまと向き合う時間をつくってみてください。

仏さまをより深く知れば、対話はもっと楽しくなります。本書がその一助となれば幸いです。

この本を編集してくださった細田繁さん、デザイナーの矢部あずささん、本を執筆する機会を与えてくださった中野亜海さんに、心より御礼を申し上げます。

日本の仏研究会　ロータスさわこ

◉仏のイラストは、特定の仏像を参考にして描いたものではありません。各仏の一般的な特徴を踏まえた、オリジナルの作品です。
◉文章ではさまざまな仏像を調べたうえで、代表的な特徴、印相、持物などを選定して書いています。実際の個々の仏像とは異なる場合があります。
◉仏に関する漢字やその読み方、サンスクリット語名には諸説あります。

もくじ

第四章　明王 …112

不動明王　五大明王の一尊。「お不動さん」の愛称でおなじみ …114
降三世明王　悪人の調伏や戦勝祈願の本尊として崇められる …118
軍荼利明王　すさまじい怒りの表情で数々の障難を追い払う …120
大威徳明王　六つの手・足・顔で、さまざまな悪を倒す …122
金剛夜叉明王　比類なきちからで煩悩を打ち砕く五眼の明王 …124
愛染明王　江戸時代には花魁や芸者の守り本尊となった …126
孔雀明王　羽根を広げた孔雀に乗る優美な明王 …128
大元帥明王　外敵を退散させるという国家機密の修法の本尊 …130
烏枢沙摩明王　天台宗では五大明王の一尊に数えられることも …132
コラム　**天燈鬼・竜燈鬼**　運慶の三男・康弁が残した、ユニークな彫像 …134

第五章　天 …136

韋駄天　「韋駄天走り」で有名な、足の速い僧坊の護り神 …166
深沙大将　『大般若経』の守護神として十六善神図にも描かれる …168
八部衆　インドの悪鬼が改心し、釈迦の家来に …170
十二神将　薬師の本願功徳に感動し信仰者の救済を誓う …174
十二天　帝釈天や毘沙門天など独尊で祀られるものも …176

第六章　垂迹

…178
僧形八幡神（八幡大菩薩）　仏教の菩薩号を与えられた僧形の神 …180
蔵王権現　インドに起源をもたない日本の仏 …182
青面金剛　江戸時代、流行になった庚申講の本尊 …184
三宝荒神　修行中の開成皇子の前に現れた神 …186
七福神　現在でも七福神めぐりは正月の定番 …188

第七章　羅漢・祖師 …192

十大弟子　釈迦の弟子のなかの主要な十人。十人一組で描かれる …194
十六羅漢　羅漢は、初期の仏教では修行者のなかで最高の位 …198
達磨　ダルマはサンスクリット語で法(真理)という意味 …200
鑑真　渡航失敗と失明の苦難を乗り越え、戒律布教のため来朝 …201
聖徳太子　仏教を篤く保護し、数々の伝説を残した旧一万円札の偉人 …202
最澄　清和天皇から贈られた「伝教大師」は、日本初の大師号 …203
空海　福祉や教育面での功績も高く、能書家としても著名 …204
空也　各地を遍歴して、庶民に「南無阿弥陀仏」を布教 …205
法然　非常に聡明で、仏教聖典の総集『大蔵経』を五回完読 …206

参考文献 …207

本文デザイン：矢部あずさ

本書は「中経の文庫」のために書き下ろされたものです。

第一章

仏の基礎知識

仏は4つの階層に分かれている

仏にはさまざまな種類がありますが、「如来部」「菩薩部」「明王部」「天部」の四つの部に大別することができます。

簡単にそれぞれを説明すると、如来とは悟りに至った者、菩薩とは悟りを開く前の修行中の者、明王とは如来の化身、天とはもともとインドの鬼や悪神だったもの、となります。

そのほか、日本古来の神が仏教と習合した「垂迹部」や、釈迦の弟子や高僧だった「羅漢・祖師」なども、仏の世界の一角に含めて考えられます。

仏の性質や外見などは、部ごとに特色があります。

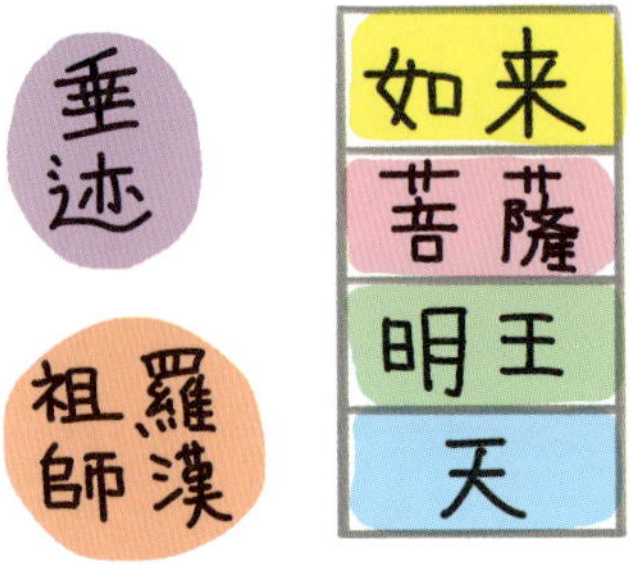

如来【にょらい】

如来はサンスクリット語でタターガタといいます。「如」には真実という意味があり、「如来」で真理の世界から来た者、すなわち悟りの境地に達した者となります。

仏像のはじまりは、仏教の開祖である釈迦を具現化した釈迦如来です。当初は釈迦のみでしたが、大乗仏教でさまざまな如来が考え出されました。

菩薩【ぼさつ】

菩薩の正式名称は、菩提薩埵《ぼだいさった》です。サンスクリット語名のボーディサットヴァを音写した言葉で、悟りを求める者という意味があります。菩薩は悟りを開く前の修行の段階にいますが、将来、如来となることが約束されています。

如来より近い立場で衆生《しゅじょう》を救うため、民衆に親しまれて、菩薩人気は高まりました。

明王【みょうおう】

明王はサンスクリット語でヴィドゥヤー・ラージャといい、ヴィドゥヤーには真言《しんごん》（明《みょう》呪《じゅ》）、ラージャは王という意味があります。つまり、明王とは真言のちからをもつ最たる存在です。明王は密教から生まれた仏で、密教では真言の効力を重要視しています。

　また、密教における最高尊は大日如来ですが、明王はその化身と考えられています。

天【てん】

天はサンスクリット語名をデーヴァといい、最も種類が多いのがこの天部です。

　もとは主にバラモン教やヒンドゥー教の神々でしたが、仏教に取り入れられ、仏法を護る役割を担いました。また、中国や日本の神の影響が見られるものもあります。

　天の神の傾向として、効験が一点に特化しているものが多く、現世利益《げんぜりやく》的です。

垂迹【すいじゃく】

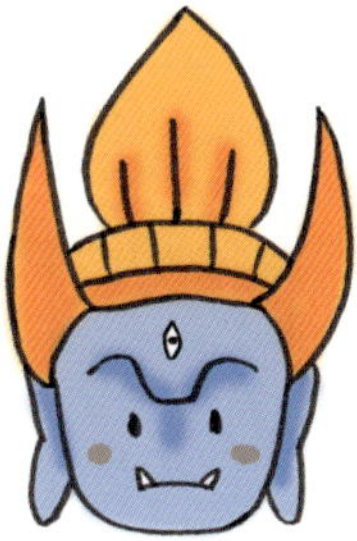

日本には昔から八百万《やおよろず》のさまざまな神がいました。日本に仏教が伝来したとき反発もありましたが、日本の神と同様に仏は信仰されるようになり、神仏習合が進んでいきます。そして、日本の神は仏教の仏の仮のすがたである、という本地垂迹《ほんじすいじゃく》思想が生まれました。

垂迹部の神とは、神道と仏教が融合した賜《たま》物《もの》といえます。

羅漢・祖師【らかん・そし】

羅漢は正式には阿羅漢《あらかん》といい、サンスクリット語のアルハンを音写した言葉です。元来インドでは尊敬に値する人という意味で、仏教で悟りを開いた者を指すようになりました。

祖師とは、仏教の発展に大いに貢献した高僧や、宗派をおこした開祖のことです。彫刻や絵画などでは基本的に僧形ですが、規定がないため多様なすがたをしています。

三十二相八十種好《さんじゅうにそうはちじゅっしゅごう》

如来は百十以上の超人的な特徴をもつ

仏像の基本形は、仏の起源となった釈迦如来です。その如来の特徴は経典で定められており、大きな特徴を「三十二相」、より詳細にしたものを「八十種好」と呼んでいます。

三十二相には、たとえば全身から金色の光を放つという

三十二相【さんじゅうにそう】

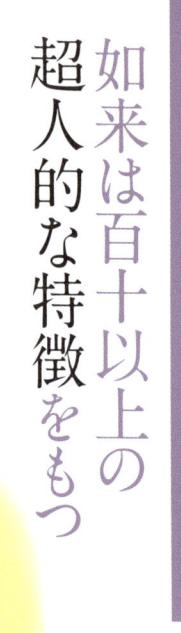

丈光相《じょうこうそう》
身体から光を発し、輝いている
金色相《こんじきそう》
全身が金色
身広長等相《しんこうじょうとうそう》
身長と両手を広げた長さが同じ
正立手摩膝相《しょうりゅうしゅましっそう》
直立したとき、手が膝に届くくらい長い

「金色相」や頭の肉が盛り上がる「頂髻相」などがあり、どれも人間離れした性質です。

インドでは仏教が発生するずっと以前から、偉人には普通の人とは異なる特性があると信じられてきたことが、その背景にあります。

頂髻相《ちょうけいそう》

頭の肉が盛り上がり、髻《もとどり》のかたちをしている

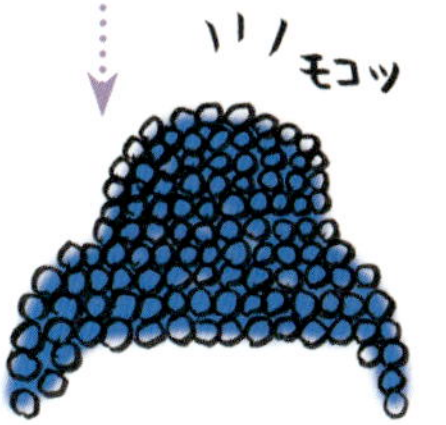

白毫相《びゃくごうそう》

長くて白い毛が渦を巻き、眉間に大きなホクロ状を成している。光を放つ

大舌相《だいぜつそう》

舌が大きく、のばすと髪の生え際にまで届く

味中得上味相《みちゅうとくじょうみそう》

何を食べても最上の味に感じられる

手足指縵網相《しゅそくしまんもうそう》

手足の指の間に、金色の水かきのようなものがある

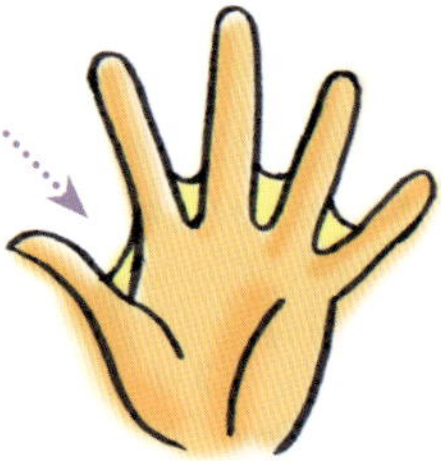

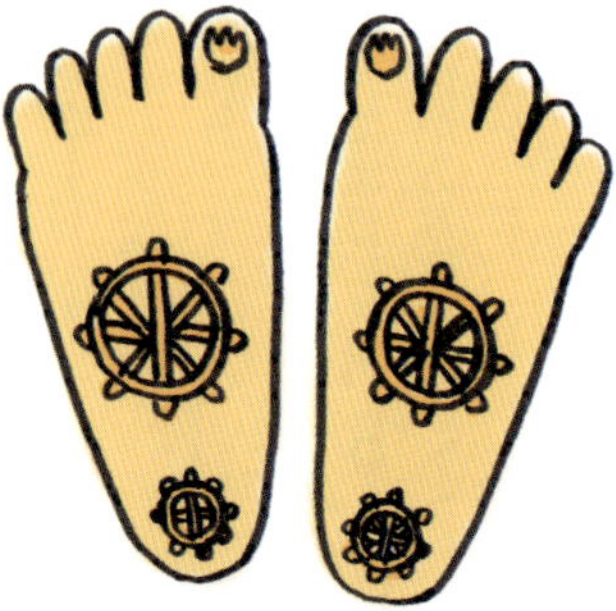

足下安平立相《そくげあんぴょうりゅうそう》

偏平足で、歩くとき地面と足裏が密着している

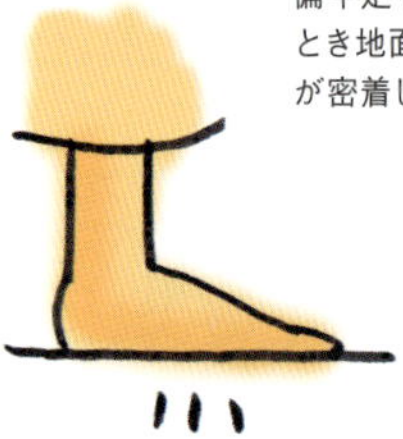

足下二輪相《そくげにりんそう》

手と足裏に法輪の模様がある

真青眼相《しんしょうげんそう》

眼が蓮華のような紺青色

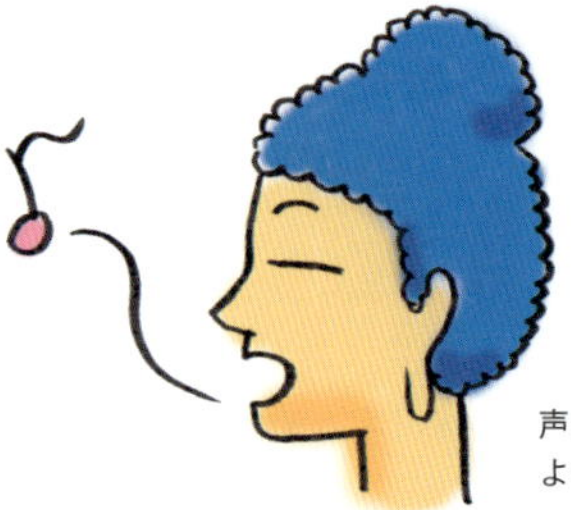

梵声相《ぼんじょうそう》

声が美しく、遠くまでよく通る

八十種好
【はちじゅっしゅごう】

眉如初生月紺瑠璃色《びにょしょせいげっこんるりじき》

眉は瑠璃《るり》色をした細い三日月型

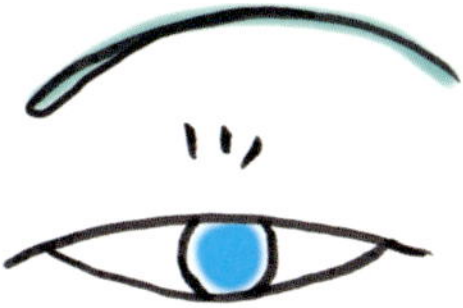

広長眼《こうちょうがん》

眼が長く広い

耳輪垂成《じりんすいせい》

耳が長く垂れ下がっている

耳朶環状《じだかんじょう》

耳たぶに穴があいている

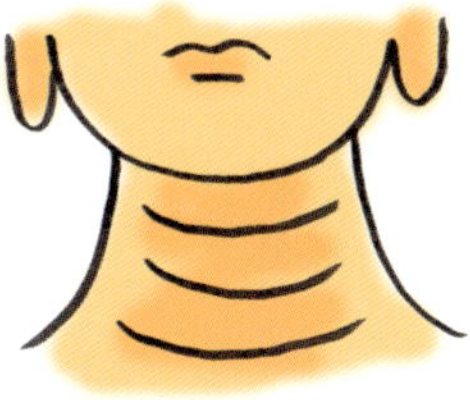

三道《さんどう》

首に三本のシワがある

髪色好如青珠《ほつじきごうにょせいじゅ》

髪が青色

仏を見分けるにはファッションに注目

仏の衣裳と髪型には、如来、菩薩、明王、天の部それぞれに共通した特徴があります。

如来は出家し、悟りを得たあとのすがたなので、シンプルに布をまとうのみ。反対に菩薩は、装飾品を着けた貴族のいでたちです。明王は、大日如来の教令輪身《きょうりょうりんじん》（114ページ参照）であるという性質上、恐ろしい外見と忿怒《ふんぬ》相をしています。天はルーツであるインドの神の影響から、多面多臂《ひ》や半人半獣など、如来や菩薩とは大きく異なる容貌をしています。

仏像の名前がわからなくても、容姿を見れば、どのような仏か大よそ判別することができます。

如来【にょらい】

如来は俗世間からかけ離れた存在であるため、出家した者のすがた、つまり装飾品のない質素な身なりで表されます。

大衣《だいえ》（法衣）という一枚の布を上半身にまとい、下半身には裙（裳《も》）を巻きつけます。頭髪は螺髪です。法衣の着方には、両肩を覆う通肩と、右肩を出した偏袒右肩があります。

偏袒右肩《へんたんうけん》

頂髻相《ちょうけいそう》

頭の肉が盛り上がり、髻のように見える（肉髻《にくけい》）

白毫相《びゃくごうそう》

眉間に生えている白い毛が右巻きに丸まり、ホクロのようになっている。のばすと4.5メートルある

通肩《つうけん》

大衣を、右肩から身体の前面に回して左肩にかける。両肩を覆う

肩円満相《けんえんまんそう》

両肩が丸く豊か

例外

大日如来《だいにちにょらい》

大日如来は、宇宙の真理を象徴しているため、王者のすがたをしている。如来が大衣を着るだけであるのに対し、宝髻を結って宝冠をかぶり、条帛や天衣をかけ、瓔珞、臂釧、腕釧で飾り、豪華絢爛《けんらん》である

菩薩【ぼさつ】

菩薩は悟りに達する前の、修行している釈迦がモデルとなっています。出家以前の釈迦はインドの王子であったので、菩薩は基本的にインドの貴族の格好をしています。

条帛、天衣などの優雅な服を装い、長い髪を美しく結い上げて宝冠をいただき、瓔珞や腕釧などの装身具で飾り立てているのが特徴です。

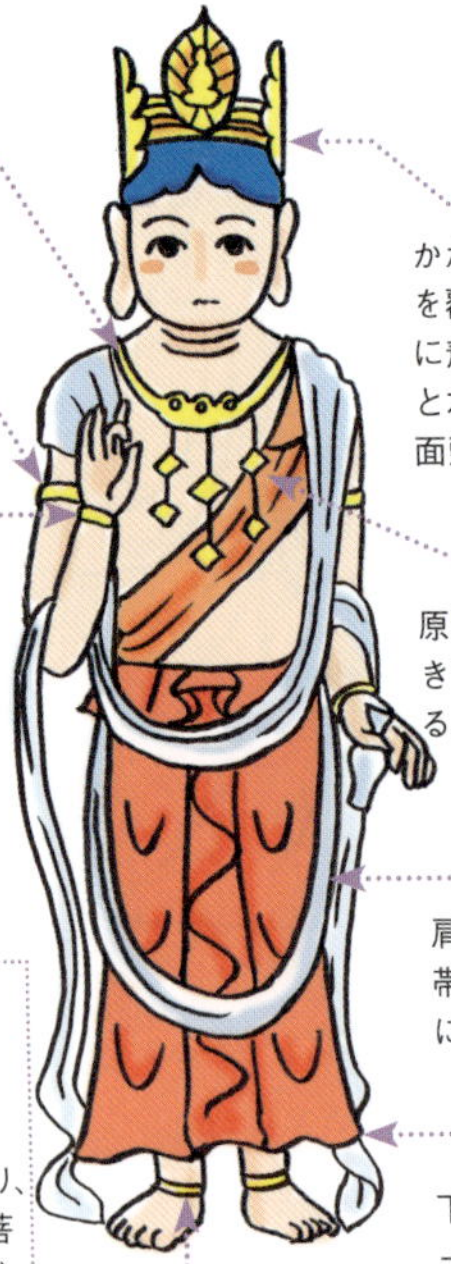
瓔珞《ようらく》
宝石や貴金属を連ねた首飾り、いわゆるネックレス
臂釧《ひせん》
上腕につける腕輪
腕釧《わんせん》
手首につける腕輪。臂釧はなく、腕釧だけの場合も多い
宝冠《ほうかん》
かたちは、頭部全体を覆う冠と、額前面に着ける頭飾、正面と左右に分かれた三面頭飾がある
条帛《じょうはく》
原則、左肩から右わき下にタスキがけする、帯状の布
天衣《てんね》
肩から胸側に垂らす、帯状の軽い布。脚に届くほど細長い
裙《くん》
下半身に着けるスカート状の布。紐を巻いて腰で留め、上部は折り返す
足釧《そくせん》
足首につける、いわゆるアンクレット

例外

地蔵菩薩《じぞうぼさつ》

娑婆《しゃば》世界（この世）にとどまり、人々を救済しているため、菩薩形ではなく、声聞形《しょうもん》（僧形）で表される。頭部は剃髪《ていはつ》し、袈裟《けさ》を着て左手に宝珠を捧げ、右手で錫杖を持つ

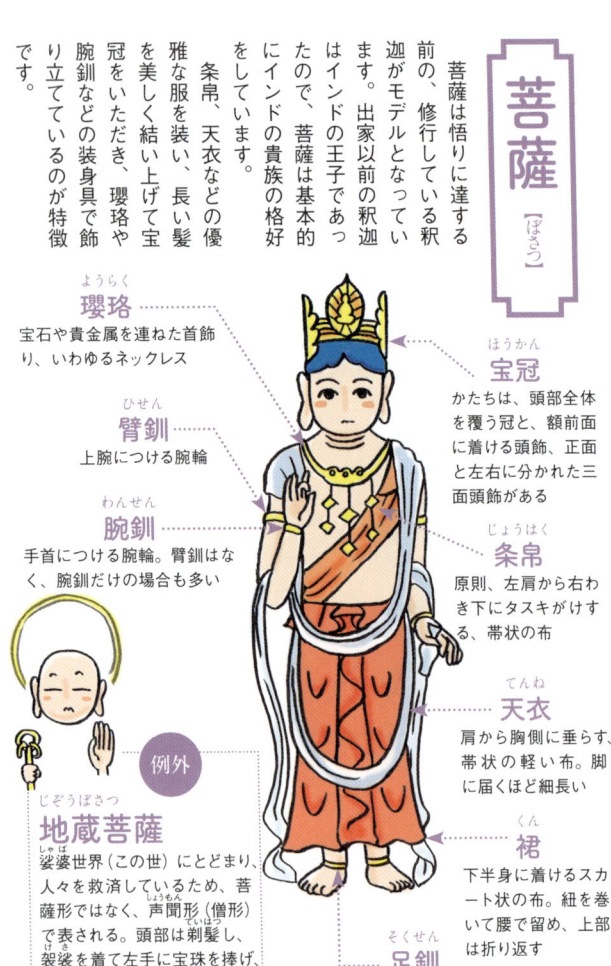

明王【みょうおう】

大日如来には変化身《へんげしん》があり、明王はその一つのすがただと考えられています。穏和な如来では言うことを聞かないような業《ごう》の深い者を調伏《ちょうぶく》するため、恐ろしい外貌と怒りの表情をしています。

多面多臂が多く、手にはあらゆる武器を携えます。燃える炎を背にし、蛇などが身体中に巻きついた様は、見る者を圧倒します。

孔雀明王《くじゃくみょうおう》

インドで神格化されていた孔雀が仏教に取り入れられ、孔雀明王となった。女性らしい、菩薩形である。表情は穏やかで孔雀に乗り、武器ではなく開敷蓮華、吉祥果、倶縁果《ぐえんか》、孔雀の尾を持っている

天【てん】

天の神々の性格は多彩であるため、容姿のバリエーションも豊かです。特徴をひと言ではくくれませんが、外形は大きく五種類に分けることができます。

①貴紳形（中国風の貴人）、②天女形（中国風の美女）、③武将形（西域風の武人）、④鬼神形（怪奇な鬼。多面多臂など）、⑤鳥獣形（頭部が鳥や動物）です。

貴紳形《きしんぎょう》

中国風の貴人のすがたで、穏やかな表情。梵天や帝釈天など

天女形《てんにょぎょう》

中国風の美しい貴婦人のすがた。吉祥天や弁才天など

武将形《ぶしょうぎょう》

西域風の皮革製の鎧《よろい》を身につけ、忿怒の形相。四天王や韋駄天など

鬼神形《きしんぎょう》

髪を逆立てた奇怪な相貌。多面多臂もある。上半身は裸で腰から短めの裙を着けるものが多い。深沙大将や風神・雷神など

鳥獣形《ちょうじゅうぎょう》

頭が鳥や動物になっている。迦楼羅や歓喜天など

髪型

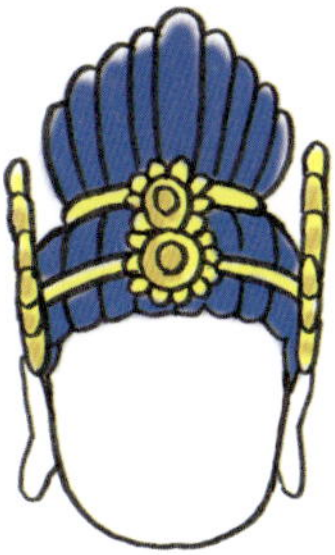

宝髻《ほうけい》

菩薩の髪型。長い髪を結い上げて、頭の上で髻を作る。垂髻、高髻、螺髻などの種類がある

螺髪《らほつ》

如来の髪型。束になった髪の毛が右巻きに丸まり、巻貝のように小さな塊がいくつもできている。螺髪の数は仏によって異なる

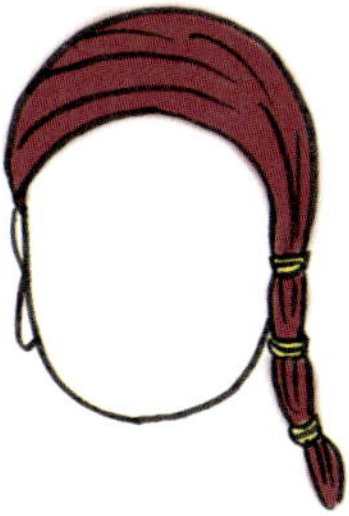

弁髪《べんぱつ》

不動明王の髪型。頭髪を束ねて左側に垂らす。頭上は仏界、左は衆生界を表すため、左に垂らすのは衆生を愛している証しともいわれる

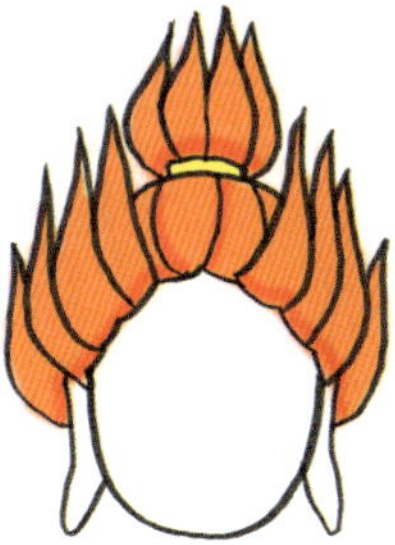

炎髪《えんぱつ》

明王の髪型。髪が逆立ち、炎のようになっている。忿怒相を表す

印相《いんそう》

手のかたちには意味や働きがある

手のかたちはサンスクリット語でムドラーといい、印相または印契《いんげい》、略して印とも呼びます。

仏像が成立した初期は、釈迦のしぐさに由来しており、そこから基本となる釈迦の五印が生まれました。のちに阿弥陀如来特有の印などに発展し、密教が伝わると悟りの心や誓願など、印でより深い教

釈迦の五印【しゃかのごいん】

施無畏印《せむいいん》

右手のひらを前に向け、胸のあたりで掲げる印。畏《おそ》れをなくすという意味があり、見る人に安心を与える

与願印《よがんいん》

左手の先を下に向け、手のひらを外側にした印。人々の願いを受けとめ、叶えるという意味がある。よく施無畏印と対で用いられる

えを示すようになります。密教では仏ごとに印が定められています。
手の組み方に着眼してみると、仏の思いを感じ取れます。

定印《じょういん》

釈迦が悟りを開いたときにしていた印で、左手の上に右手を重ね親指の先を合わせる。定印には、座禅の際に作る禅定印、阿弥陀如来が組む阿弥陀定印、胎蔵界の大日如来の法界定印がある

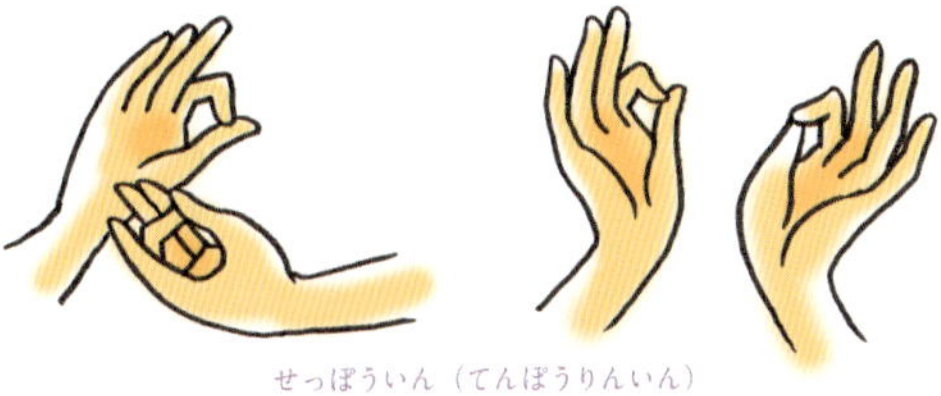

説法印《せっぽういん》（転法輪印《てんぽうりんいん》）

釈迦が最初の説法をしたときの印。釈迦は説法時にさまざまな身振りをしていたため、説法印もひとつではない。親指と人さし指で輪を作った両手を、胸の前に掲げるすがたがよく見られる

降魔印《ごうまいん》（触地印《そくちいん》）

定印を解いて、右手の人さし指で地に触れる印。瞑想《めいそう》していた釈迦を悪魔が邪魔しに来たとき、釈迦が地に触れると大地の神が現れて、悪魔を退散させたという

阿弥陀如来の印【あみだにょらいのいん】

阿弥陀如来には、特有の印がいくつかあります。まず、九品来迎《くほんらいごう》印（63ページ参照）。人が臨終を迎えると阿弥陀如来が現れ、極楽浄土に連れていくのですが、その人の徳に応じて九段階の待遇があり、結ぶ印も異なっています。それから、座禅を組んだ足の上にのせる阿弥陀定印や、善光寺式の阿弥陀如来に見られる刀印があります。

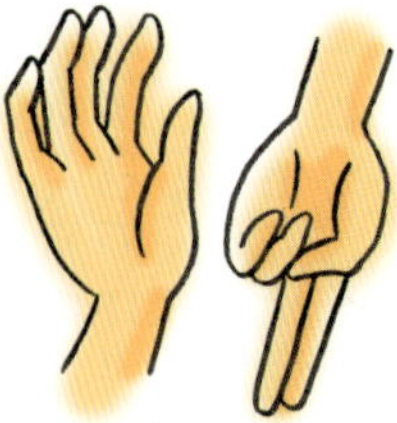

刀印《とういん》

左手の人さし指と中指のみのばし、下に向ける印。このとき右手は施無畏印をする。邪悪なものを消し去るという意味がある

密教印【みっきょういん】

智拳印《ちけんいん》

金剛界の大日如来の印。両手の親指を拳の中に入れ、左手の人さし指を立て、それを右手で握る。大日如来の智慧を象徴している

法界定印《ほっかいじょういん》

釈迦の定印と同じかたちだが、胎蔵界の大日如来が組む場合は法界定印という

そのほかの印

大瞋印《だいしんいん》（跋折羅印《ばさらいん》）

軍荼利明王の印。多臂の中央二手の人さし指、中指、薬指をのばし、小指を曲げ親指でおさえ、両手を胸の前で交差させる

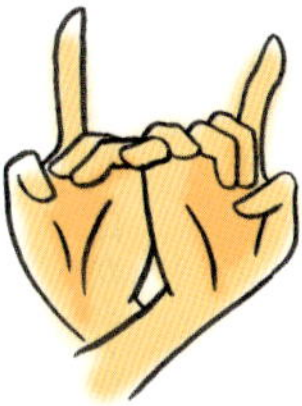

降三世印《ごうざんぜいん》

降三世明王の印。多臂の中央二手の小指をからめ、胸の前で交差させる

大怒印《だいどいん》

大元帥明王の印。右手の拳を握って人さし指と小指を立てる

檀荼印《だんだいん》

大威徳明王の印。多臂の中央二手を胸の前で合わせて、左右の小指と薬指を内側に入れてからませ、中指を立てる

合掌《がっしょう》

胸の前で両手を合わせた、最もなじみ深いかたち。密教では十二合掌といって、合わせ方により12の型に分けている。通常の型は虚心合掌という

持ち物で衆生を救う方法がわかる

仏の持物にはたくさんの種類がありますが、物によっては所持する仏が決められています。

たとえば薬壺。これは薬師如来の持物です。水瓶は観音の象徴といわれています。密教から発生した仏なら、金剛杵や羂索、宝塔、剣などをよく手にしています。

持物を理解すれば、その仏がどのような教えや功徳、願いを持っているかを、くみ取ることができます。また、持物はどの仏かを判別するポイントにもなります。

蓮華《れんげ》

泥の中から清らかに咲くことから、煩悩などに汚れることのない仏の真理を象徴する。つぼみのもの（未敷蓮華）、半開きのもの、満開のもの（開敷蓮華）がある

持つ仏

菩薩全般、とくに観音菩薩

法輪《ほうりん》

仏法の象徴。戦車の車輪のように勢いよく、仏教の教えが広まるという意味がある。輪宝や宝輪ともいう

持つ仏

如意輪観音、軍荼利明王

宝珠《ほうじゅ》

正式には如意宝珠といい、意の如く欲しいものを出す、というのが名前の由来。あらゆる願いを叶え、病気を治すこともできる。サンスクリット語名の音写から摩尼《まに》（宝石）ともいわれる

持つ仏

虚空蔵菩薩、地蔵菩薩、如意輪観音、吉祥天

数珠《じゅず》

念誦《ねんじゅ》の功徳がある。煩悩を断ち切る智を表す。珠の数は 108 が正式。念珠ともいう

持つ仏

准胝観音、十一面観音

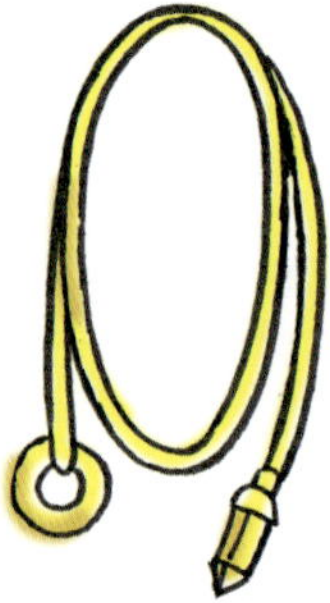

経巻《けいかん》

釈迦の教えを授けるという意味がある。また、智慧を象徴する

持つ仏

文殊菩薩、広目天

羂索《けんさく》

五色の糸をよった縄で、煩悩を縛るといわれている。また、この縄で衆生を救うという意味もある

持つ仏

不空羂索観音、不動明王、降三世明王

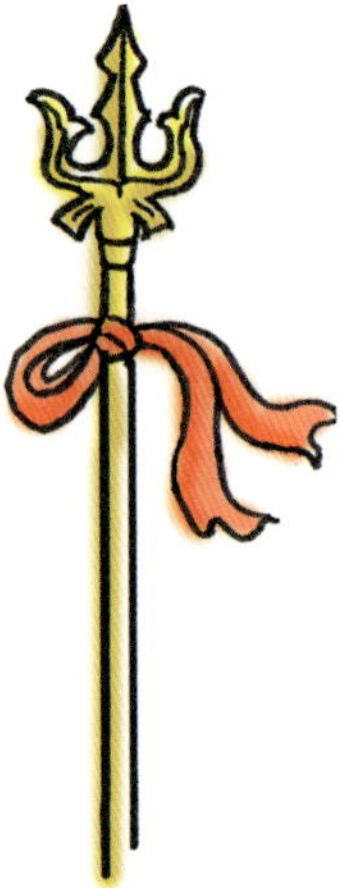

戟《げき》

矛の一種で、災いを突いて砕く。先が三つに分かれた三叉《さんさ》戟や、鈷《こ》（煩悩を打ち砕く法具）が付いた独鈷《とっこ》戟などがある

持つ仏

大威徳明王、四天王

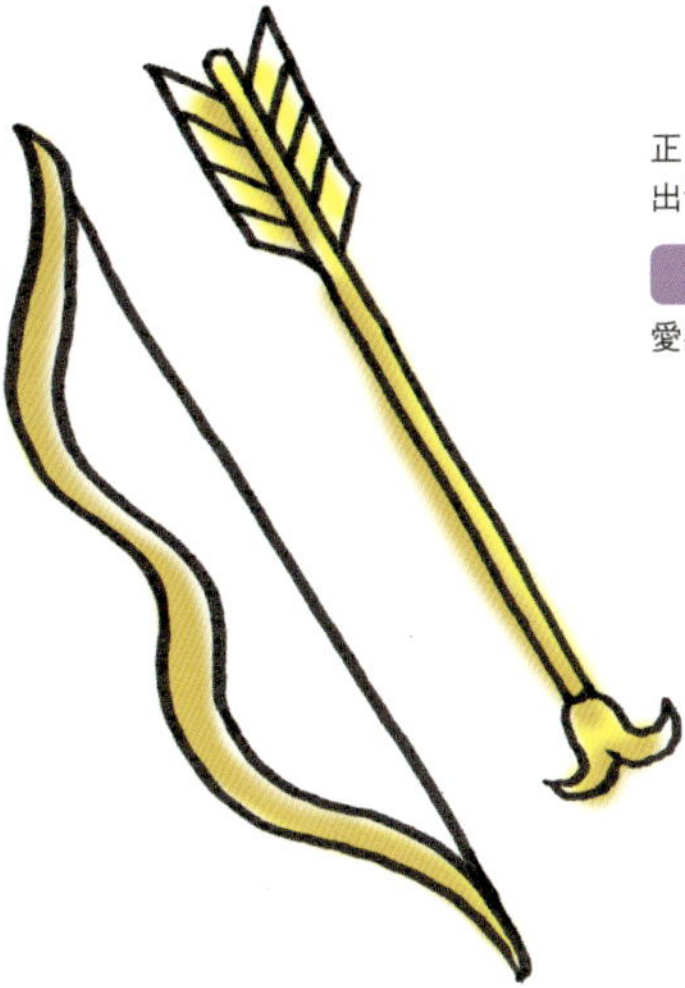

弓・矢《ゆみ・や》

正しい道へ導くという役割がある。出世や栄誉を招く

持つ仏

愛染明王、降三世明王、金剛夜叉明王

宝剣《ほうけん》

煩悩や迷いなど、一切の悪を断ち切る。また、智慧を象徴する

持つ仏

文殊菩薩、虚空蔵菩薩、不動明王、持国天

金剛杵《こんごうしょ》

密教で重用される持物で、もとは古代インドの武器。ダイヤモンド（金剛石）のように硬く、強い煩悩を打ち砕く。両端に槍状の刃が付いた独鈷杵、先が三つや五つに分かれた三鈷杵、五鈷杵などがある

持つ仏

金剛夜叉明王、仁王、摩利支天

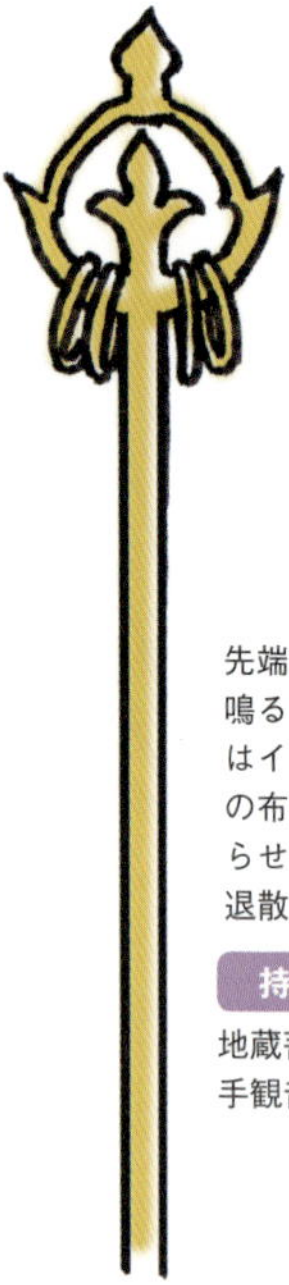

鉞斧《えっふ》

災難を退け、福を呼ぶ

持つ仏

馬頭観音、准胝観音

錫杖《しゃくじょう》

先端に小さな輪を付けて音が鳴るようにした杖。もともとはインドの修行僧が、食べ物の布施を受けに来たことを知らせるためのもの。音で悪を退散させるという意味がある

持つ仏

地蔵菩薩、不空羂索観音、千手観音

薬壺《やっこ》

あらゆる病に効く薬が入った壺。中の薬は永遠になくならない

持つ仏

薬師如来

水瓶《すいびょう》

けがれを清めることを表す。すべての願いを叶える「功徳水」が入っている

持つ仏

観音菩薩、十一面観音

宝塔《ほうとう》

仏舎利を納めた塔。人々に富を与えるという意味もある

持つ仏

毘沙門天

立ちすがたにも仏の性格が表れる

仏像はさまざまなポーズを取っていますが、立った姿勢「立像」、座った「坐像」、横になった「臥像」の3タイプに仕分けることができます。

とはいえ同じ立像でも、仏の個性が姿勢に反映されており、如来や菩薩の場合は、まっすぐ立ったり、片足を軽く前に出したりと静穏な雰囲気なのに対し、明王や忿怒形の天の像は足を上げて、躍動感あふれる体勢を取っています。

坐像では、瞑想に最も適しているといわれる結跏趺坐が主流です。

立像【りゅうぞう】

直立姿勢である正立像は、如来全般や菩薩、不動明王、梵天、帝釈天、吉祥天などがその代表で、基本のかたちです。休めの姿勢の斜勢像は、菩薩、とくに三尊形式で脇侍《きょうじ》になったときに見られます。経行像の作例は、地蔵菩薩や、阿弥陀如来の来迎図などです。丁子立像や舞勢といった動きのある像は、明王や仁王、四天王などで、なかでも蔵王権現は右足を高く振り上げ、最も威勢よく表現されています。

正立像	しょうりゅうぞう	両足をそろえて直立した姿勢
斜勢像	しゃせいぞう	片足を少し前に出した、「休め」のような姿勢
経行像	きんひんぞう	座禅と座禅の間に疲れや眠気を取るためにゆっくり歩くことを経行といい、これはその歩いているすがた
侍立像	じりつぞう	少し前かがみになった姿勢
丁子立像	ちょうじりゅうぞう	右足を高く上げて立った姿勢
舞勢	ぶせい	踊りをおどる姿

坐像【ざぞう】

結跏趺座《けっかふざ》

座禅のときに行う、代表的な座法。両足が太ももの上にのり、足裏が上を向きます。最も安定しているので瞑想に適しています。

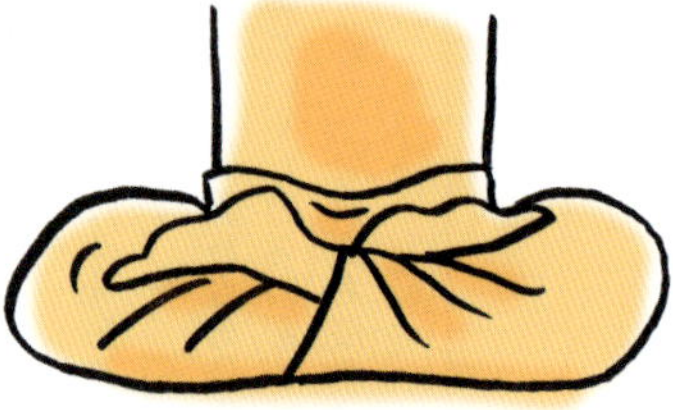

結跏趺座《けっかふざ》①
降魔座《ごうまざ》

まず右足を左太ももの上にのせ、次に左足を右太ももにのせる座法。左足が上になる。如来に多い

結跏趺座《けっかふざ》②
吉祥座《きっしょうざ》

降魔座の左右を反対にした座法で、右足が上になる。こちらも如来にはよくある姿勢

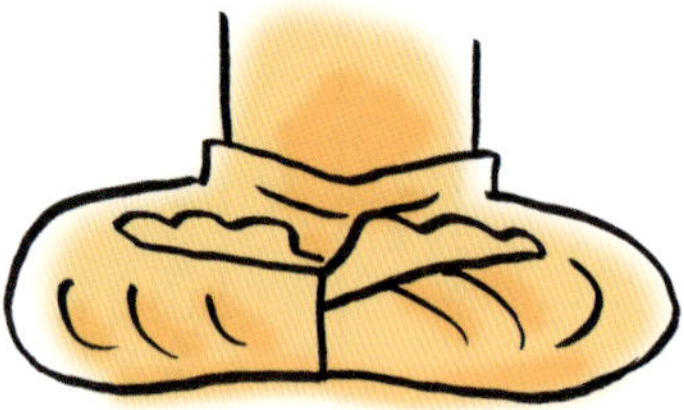

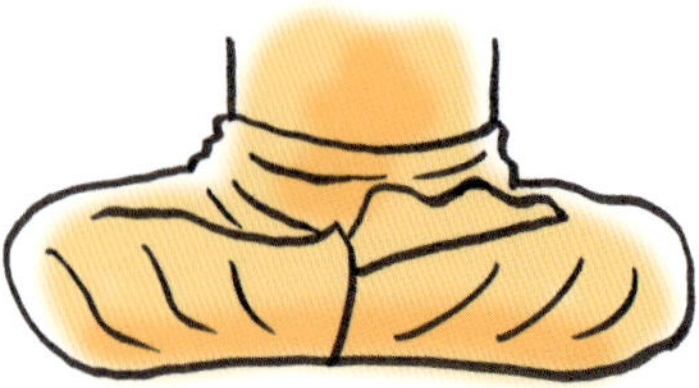

半跏趺座《はんかふざ》

両足ではなく、左右どちらか一方だけ太ももの上にのせる。如来にはあまりなく、菩薩に見られる

倚座《いざ》

台座に座った姿勢。日本では作例があまり多くありません。

倚座《いざ》①
善跏倚座《ぜんかいざ》

台座に座り、両足をそろえて地におろした姿勢。如来に作例がある

倚座《いざ》②
半跏倚座《はんかいざ》

右足を曲げて左ひざの上にのせ、左足のみ地につけた姿勢。菩薩のみに見られ、有名な弥勒菩薩半跏思惟《しゆい》像はこの姿勢である

輪王座《りんのうざ》

右足のひざを立て、左右の足裏を合わせた姿勢（合わせないものもある）。如意輪観音や一部の馬頭観音が行っている

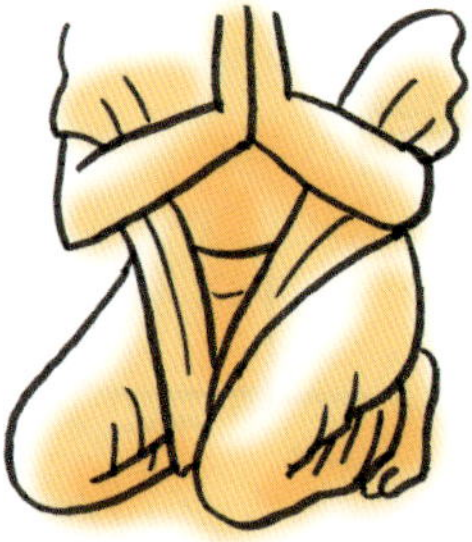

跪座《きざ》

両足をつま先立ちしたまま、ひざをついて座る姿勢。尻は両足のかかとの上にのせる。阿弥陀如来の脇侍に見られる

蹲踞座《そんきょざ》

ひざや尻を床につけない中腰の姿勢

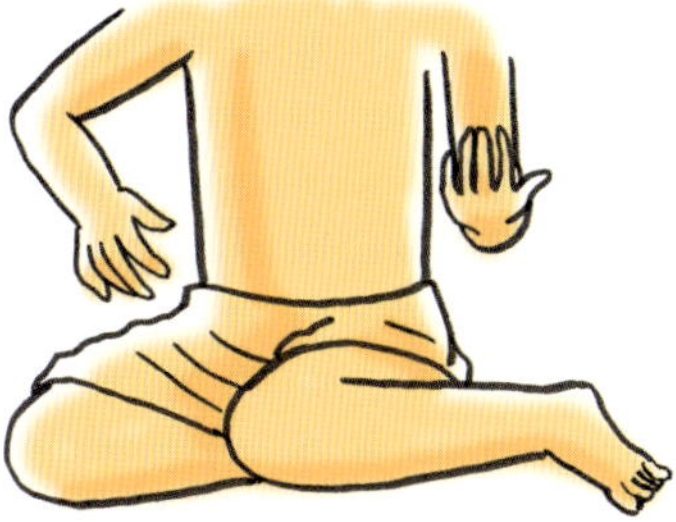

箕座《きざ》

横座り。弁才天の座り方

遊戯座《ゆげざ》

足を組まずに、くつろいだすがた。台座に座ったものと床の上のものがある

臥像【がぞう】

身体の右側を下にして、右手を枕に横たわった姿勢。両足は重ねてそろえ、左手を身体に沿ってのばす。釈迦が涅槃《ねはん》に入ったときに行っていた

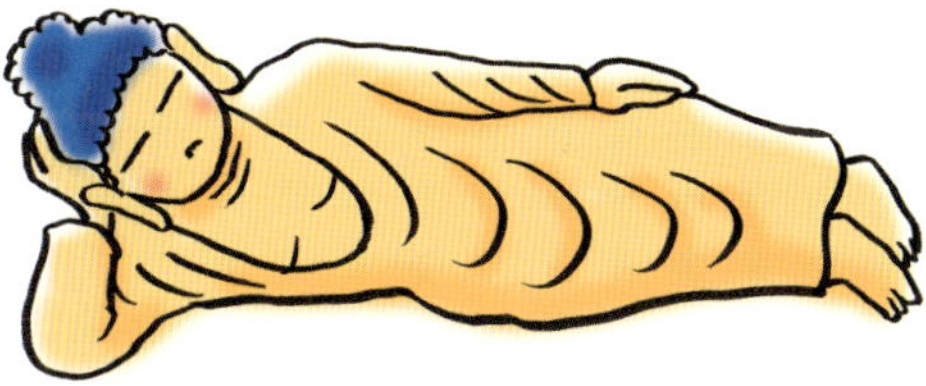

仏から輝く光をかたちにしたもの

慈悲深い人を「後光が差しているような人」と表現するように、仏は全身から光を発しています。「丈光相」といって仏の三十二相の一つです。

仏像ではこの光を、光背として表します。

光背は身体から放つ光「身《しん》光《こう》」と、頭からの「頭光」、頭光と身光を合わせた「挙身光」に分類されます。

光背は挙身光が主ですが、頭

挙身光【きょしんこう】

舟形光背《ふながたこうはい》

舟を立てたようなかたちから舟形と呼ばれるが、発祥は一枚の蓮の花びらをかたどったもの。蓮弁型光背ともいう。周縁部には化仏・唐草・火焔などがあしらわれる。三尊形式の脇侍までを一つの舟形光背で覆った、一光三尊式もある光のみも多く見られます。時代とともにデザイン化が進み、文様で装飾されて、多種多様な光背が作られるようになりました。

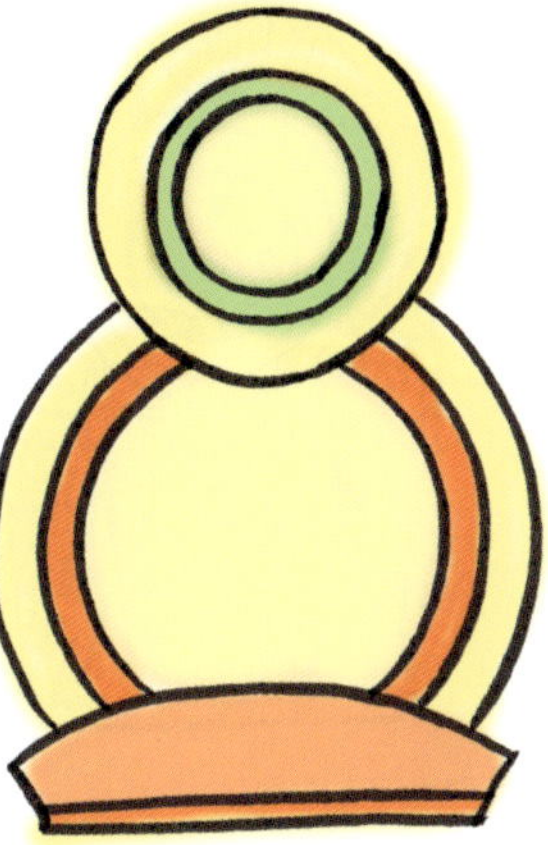

二重円光《にじゅうえんこう》

円形の頭光と身光を重ね、光脚で支えた光背。主に坐像に用いられる。周縁部に唐草や雲気などの文様が施される場合も

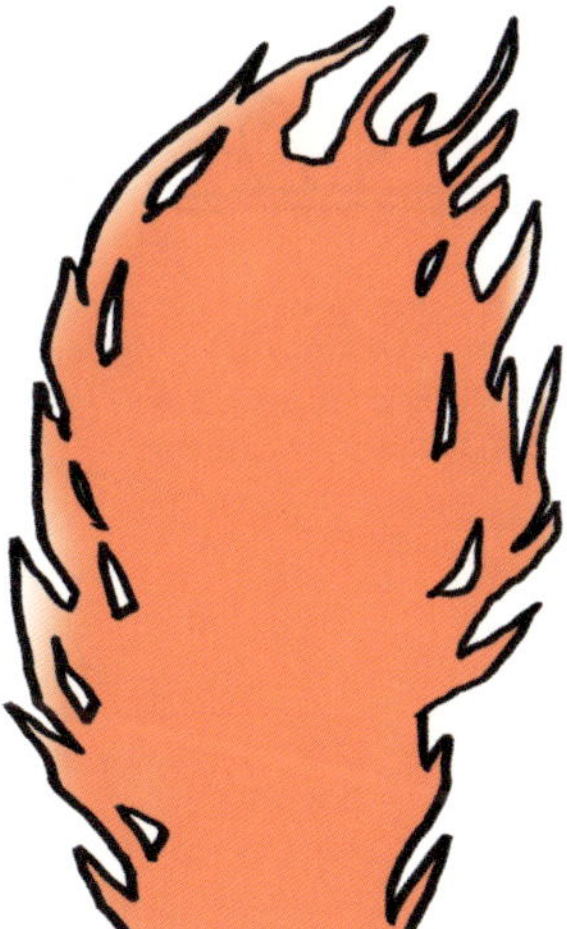

火焔光《かえんこう》

燃え上がる炎をイメージ。忿怒相の明王が背負う。八部衆の一尊である迦楼羅を表した迦楼羅焔《かるらえん》は、不動明王特有の光背

千仏光《せんぶつこう》

一面に小さな仏が並んだ光背。
千仏光は、背負っている毘盧
舎那如来の偉大さを表す

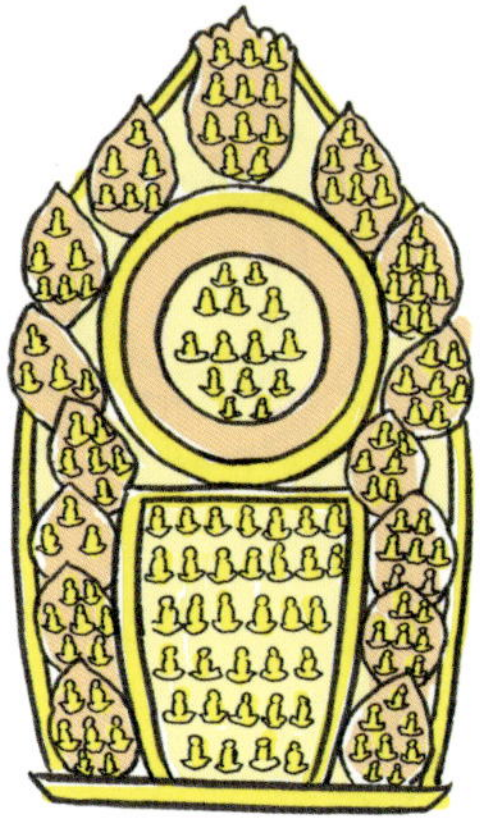

飛天光《ひてんこう》

小さな飛天が配された光背。
阿弥陀如来の作例が代表的

壬生光《みぶこう》

京都・壬生寺の地蔵菩薩の
特殊な光背。身光は方形で、
その上に二重円相光がのり、
円の中心から放射状に光を発
している

頭光【ずこう】

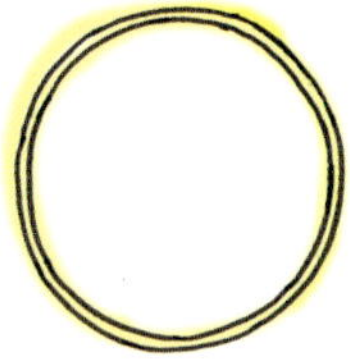

輪光《りんこう》

円の輪郭状の光背で、輪の幅は線状からドーナツ型までさまざま。天に多いが、阿弥陀如来の来迎図の菩薩など、菩薩にも付される

円光《えんこう》

円形の光背で頭光の基本。一枚の円の中央に蓮華文が、周縁部には唐草や放射線などの文様が入る。地蔵菩薩や天部の像によく見られる

放射光《ほうしゃこう》（筋光《すじこう》）

中心から放射状に広がる光を表現した光背。阿弥陀如来や観音菩薩、地蔵菩薩などに用いられている

宝珠光《ほうじゅこう》

如意宝珠をかたどっており、桃のように円頂部がとがっている。菩薩全般に多く、とくに飛鳥時代に盛んに作られた

台座《だいざ》

菩提樹《ぼだいじゅ》の下の釈迦の場所が起源

台座は、釈迦が座っていた場所を示したものがはじまりです。神聖で堅固であることから、金剛座や金剛宝座といわれました。また、釈迦が獅子にたとえられたことにちなんで獅子座とも名付けられています。金剛座や獅子座は釈迦の居場所を意味し、特定の台座の名称ではありません。

蓮華座《れんげざ》

最も代表的な台座。主に如来や菩薩、一部の明王に用いられる。切り花の蓮華をかたどったものが多いが、まれに蓮池から咲く蓮華をイメージしたものも（奈良・法隆寺の阿弥陀三尊像など）。重ねた段の数により三重や九重などと称される。また、奈良・東大寺の大仏のように蓮台と反花《かえりばな》、框《かまち》だけの蓮華座は、大仏座と呼ばれる

最も多い台座は、蓮華を意匠化した蓮華座です。

雲座《うんざ》

雲のかたちの台座で、雲の上に蓮台がのることもある。仏が雲に乗って来迎する様子を表している。阿弥陀如来をはじめ、飛天などに多い

須弥座《しゅみざ》

須弥山を表した台座。如来のみに使われる。箱状の台を天板と框で上下はさむかたちが漢字の「宣」に見えることから、宣字座ともいわれる

岩座《いわざ》

自然の岩を表現した台座。明王と、四天王や十二神将など忿怒相の天が乗る。岩座の上の邪鬼を踏みつける天の像も多い

瑟瑟座《しつしつざ》

岩座を抽象化して角材を組み上げた台座。不動明王のみに使用される

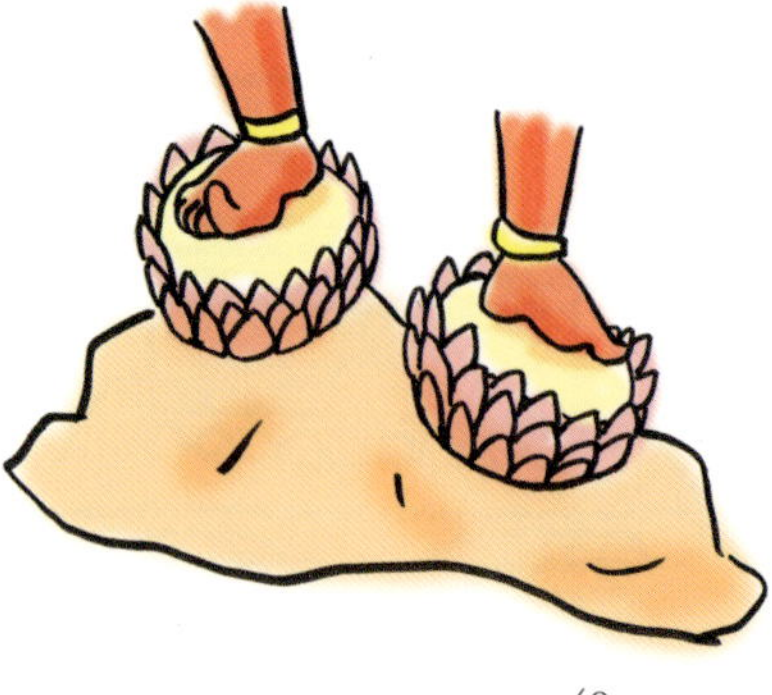

踏割蓮華座《ふみわりれんげざ》

片足ずつ別々になった小さな蓮華の台。明王によく見られる

裳懸座《もかけざ》

大衣や裙のすそが台座の前面にかかり、垂れ下がって見えるように作られたもの

洲浜座《すはまざ》

海や河の水際をかたどった、岩座の一種。薄い岩板を積み重ねたような形状。八部衆や阿修羅、十大弟子などに使われる

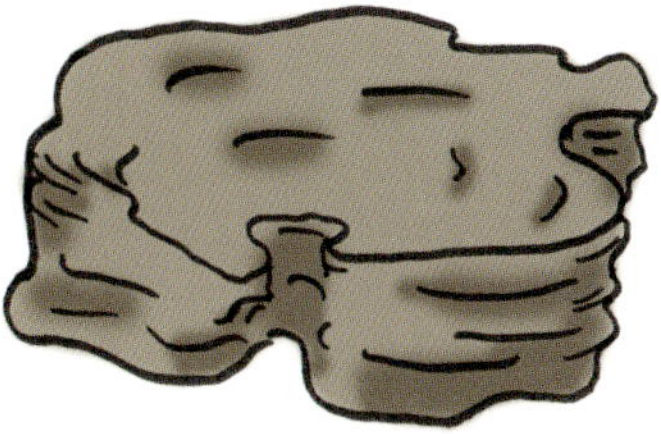

荷葉座《かしょうざ》

蓮の葉を伏せたかたち。天部の像が乗る

インドの神聖な動物が仏の乗り物に

動物が台座になったものを「禽獣《きんじゅう》座《ざ》」、邪鬼や天が足下にいるものを「生霊座《しょうりょうざ》」といいます。仏の乗る動物は決まっていますが、密教の伝来前と後では、動物に乗らない場合もあります。一般的には、動物の上に蓮台をのせます。

インドでは神聖とされている孔雀や水牛などが台座になっており、インド文化の影響が強く感じられます。邪鬼のリアルな表情にも注目です。

獅子

文殊菩薩は、獅子の上にのせた蓮台に座すのが一般的。獅子は、文殊の智慧が秀逸で、抜きん出ていることを表している

上に乗る仏

文殊菩薩、五大虚空蔵菩薩の法界虚空蔵菩薩

象

普賢菩薩は、六牙の象の上の蓮台に座す。普賢延命菩薩の場合、頭が三つある白象に乗ることがある

上に乗る仏

普賢菩薩、帝釈天、五大虚空蔵菩薩の金剛虚空蔵菩薩

水牛

水牛はインドでは古くより神聖な生きもの。水牛に乗ることは、明王がインドに起源を持つことの象徴といえる

上に乗る仏

大威徳明王、焔摩天

孔雀

孔雀は毒蛇を食べる益鳥として、また恵みの雨をもたらす吉鳥として、インドでは国鳥にも指定されている。孔雀が神格化され、明王にもなった

上に乗る仏

孔雀明王、五大虚空蔵菩薩の蓮華虚空蔵菩薩

ガチョウ

密教が伝来したあとの四臂ある梵天は、四羽のガチョウの上に蓮台を置いて座る

上に乗る仏

梵天、月天

猪

三面六臂の摩利支天は、猪の上の三日月に立っている（三日月がないものもある）

上に乗る仏

摩利支天

邪鬼

邪鬼は仏法に敵対する邪悪なものを意味しており、踏みつけにすることで降伏したことを示している

上に乗る仏

四天王、大元帥明王

地天

兜跋《とばつ》毘沙門天の両足を、両手で地天が支えている。地天の両脇には、尼藍婆《にらんば》、毘《び》藍婆《らんば》の二鬼が控える

上に乗る仏

兜跋毘沙門天

第二章

如来

如来は仏教の始祖・釈迦が発祥で、仏陀や仏ともいいます。ところが、大乗仏教が盛んになると釈迦以前にも如来がいて、釈迦はその教えを受けたお陰で悟ることができたと考えられるようになり、過去七仏が生まれました。その七仏とは、毘婆尸《びばし》仏《ぶつ》、尸棄仏《しきぶつ》、毘舎浮仏《びしゃふぶつ》、拘留孫仏《くるそんぶつ》、拘那含牟尼仏《くながんむにぶつ》、迦葉仏《かしょうぶつ》、そして釈迦如来です。釈迦以外の六仏が作られた例はほとんどありません。

釈迦如来

【しゃかにょらい】

サンスクリット語　ゴータマ・シッダールタ（本名）
世界　娑婆世界
脇侍《きょうじ》　文殊菩薩、普賢菩薩
眷属《けんぞく》　八部衆、十六善神
十六羅漢
代表的な寺　奈良・法隆寺
奈良・室生寺
京都・蟹満寺

苦しみから悟りを開いた実在の人物。仏の起源

仏教が成立した初期は、釈迦を像にすることが禁止されていました。しかし釈迦の死後、シンボルとして蓮華や法輪、仏塔が作られ、礼拝対象となります。さらに時が経ち、初めてできた仏像が釈迦如来です。

釈迦は本名をゴータマ・シッダールタといい、ネパールにあるルンビニー園で王子として誕生しました。摩耶夫人《まやぶにん》の右脇から生まれた直後に七歩歩いて天を指し、「天上天下唯我独尊《てんじょうてんげゆいがどくそん》」と宣言したそうです。

結婚し、男児をもうけましたが、人生の辛苦、世の中の無常に悩み、二十九歳で出家します。山中で過酷な苦行に励むこと六年。けれど悟りは開けず衰弱しきった釈迦は里へおります。回復後ブッダガヤの菩《ぼ》提樹《だいじゅ》の下で瞑想《めいそう》に入り、そこでついに悟りの境地へと至ったのでした。

トリビア

コーヒーフレッシュの「スジャータ」は、苦行後の釈迦に乳がゆを差し出した娘の名に由来する

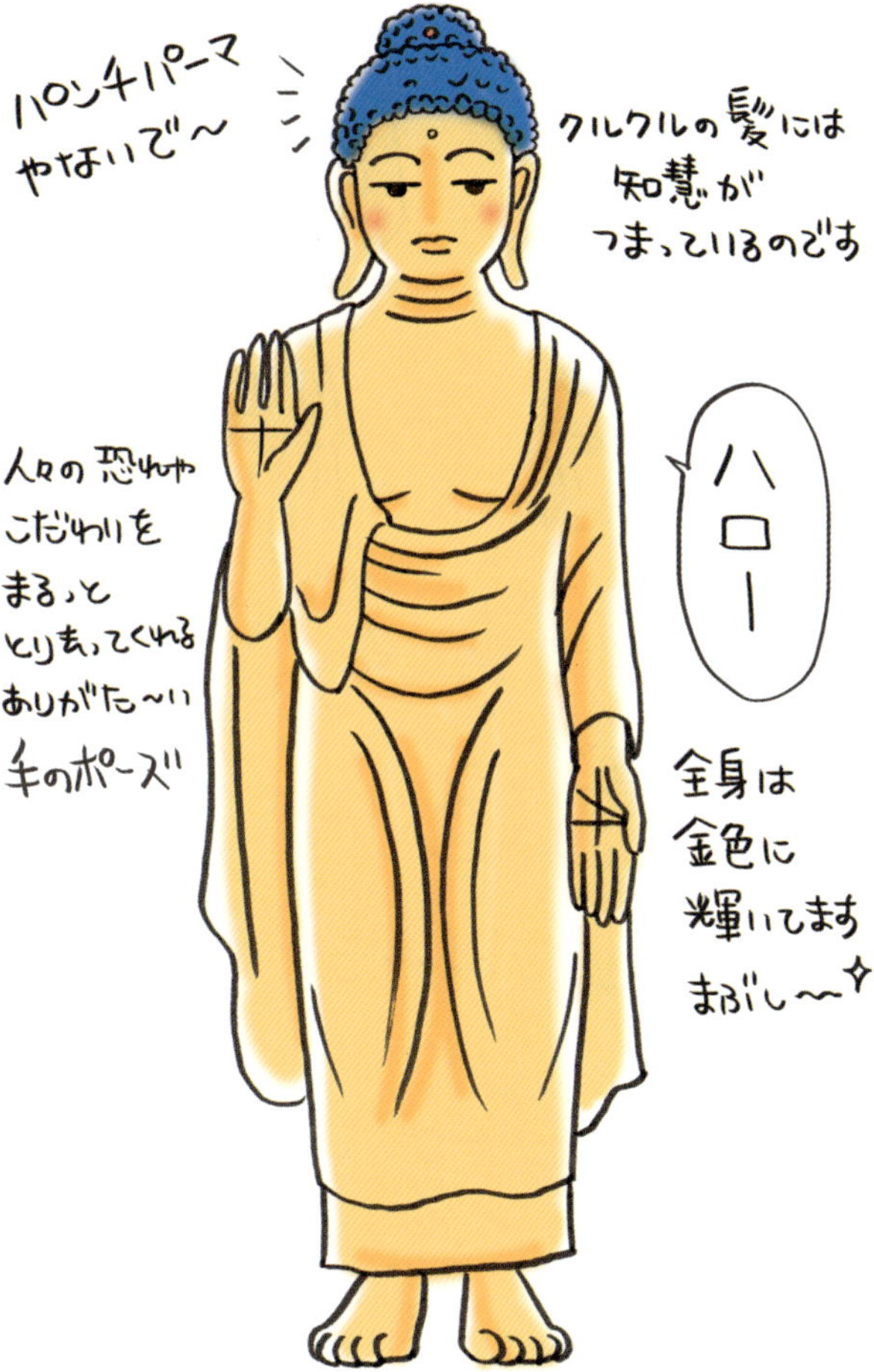
パンチパーマ
やないで〜
クルクルの髪には
知慧が
つまっているのです
人々の恐れや
こだわりを
まるっと
とり去ってくれる
ありがた〜い
手のポーズ
ハロー
全身は
金色に
輝いてます
まぶし〜✧

釈迦如来【しゃかにょらい】

八相は人生の主要場面象徴する絵や像が多数

釈迦は当初、悟った内容が難解だったため、内に秘めておくつもりでした。そこに梵天が現れ、衆生《しゅじょう》に広めるよう説得します。梵天の熱心さに心を動かされた釈迦は、説法することを決意。このことは「梵天勧請《ぼんてんかんじょう》」と呼ばれています。

また、初めての説法は修行仲間の前で行いましたが、これを「初転法輪《しょてんぼうりん》」といいます。仲間はのちに弟子となりました。その後、釈迦は弟子たち

とインド各地で教えを説き、最期はクシナガラの沙羅双樹《さらそうじゅ》の下で涅槃《ねはん》に入りました。

釈迦の一生で重要な岐路を「釈迦八相」※といいます。八場面は、①下天（天上界からこの世へ）、②托胎（入胎）、③誕生、④出家、⑤降魔《ごうま》（悪魔に屈せず修行）、⑥成道《じょうどう》（悟りを開く）、⑦転法輪（説法）、⑧入滅（涅槃）です。

釈迦のすがたは、いわゆる「三十二相《そう》八十種好《しゅごう》」（16ページ参照）を備えています。

※「釈迦八相」にどの場面が含まれるかは、諸説あり

阿弥陀如来

【あみだにょらい】

サンスクリット語　アミターユスまたはアミターバ
世界　西方極楽浄土
脇侍　観音菩薩、勢至菩薩
代表的な寺　京都・平等院
京都・法界寺
京都・仁和寺

左に観音、右に勢至を従え、極楽行きを約束する

「南無阿弥陀仏《なむあみだぶつ》」と唱えると極楽浄土に往生できる、という信仰の本尊にもなったのが阿弥陀如来です。

もともとはインドの王でした。ところが世自在王《せじざいおう》如来の説法を聞いて開眼し、身分を捨てて出家、法蔵《ほうぞう》と名のり修行僧になります。法蔵に仏法を教えてほしいと懇願された世自在王如来は、二百十億ものさまざまな仏の世界を現してみせました。そこで法蔵は、理想の世界について五劫《ごこう》という果てしなく長い間、熟考を重ねます。これが「五劫《ごこう》思惟《しゆい》」です。この思惟の末、法蔵は「四十八の大願《たいがん》」を立て、これを実現させて悟りを得ることを誓いました。そして仏となったのです。

この四十八の大願のうち、重要なのが十八番目の「念仏往生《ねんぶつおうじょう》の願《がん》」。

OK
OKサインと
似てるけど
「迎えに来たよ〜」
という意味の
ポーズ
眉間の
白い毛は
光明を放っている
そうな….
台座はかわいい蓮華座

念仏を唱える者は、極楽浄土に生まれ変わらせるという誓いです。

阿弥陀如来の信仰は、平安時代の末法《※まっぽう》思想の流行とともに貴族を中心に広まりました。鎌倉時代には法然が浄土宗の開祖となり、弟子の親鸞《しんらん》は浄土真宗をおこします。こうして大衆に浸透していきました。

浄土信仰では、臨終すると阿弥陀如来が迎えにくるとされていますが、その迎えには九階級あり、「九品《くほん》」といいます。「九品往生」とは、生前の行いや功徳により、往生のランクが決まるという考えです。まず、大きく上品《じょうぼん》・中品《ちゅうぼん》・下品《げぼん》に割り振られ、それぞれが上生《じょうしょう》・中生《ちゅうしょう》・下生《げしょう》に分けられます。つまり、最高ランクは「上品上生」、最低は「下品下生」です。その階級ごとに「九品来迎印《くぼんらいごういん》」が定められており、その人にふさわしい印を結んだ如来が迎えにくるというわけです。

仏像のかたちは、釈迦如来とほぼ同じ通仏相（如来の基本形）。衣は偏袒右肩《へんたんうけん》が多く、通肩《つうけん》も見られます。印相は来迎印が特徴的ですが、古くは施無畏《せむい》印・与願《よがん》印の像もありました。説法印、そして定印のものが作られたあとに、来迎印の仏が成立しています。

※釈迦の入滅後を正法《しょうぼう》・像法《ぞうぼう》・末法の三時代に分け、末法時代になると仏法が衰えて人も世も最悪になるという考え

トリビア

「他力本願《たりきほんがん》」の本願とは、阿弥陀如来が立てた誓いのことであり、他力は、阿弥陀如来が衆生《しゅじょう》を救済するはたらきを指す

九品来迎印

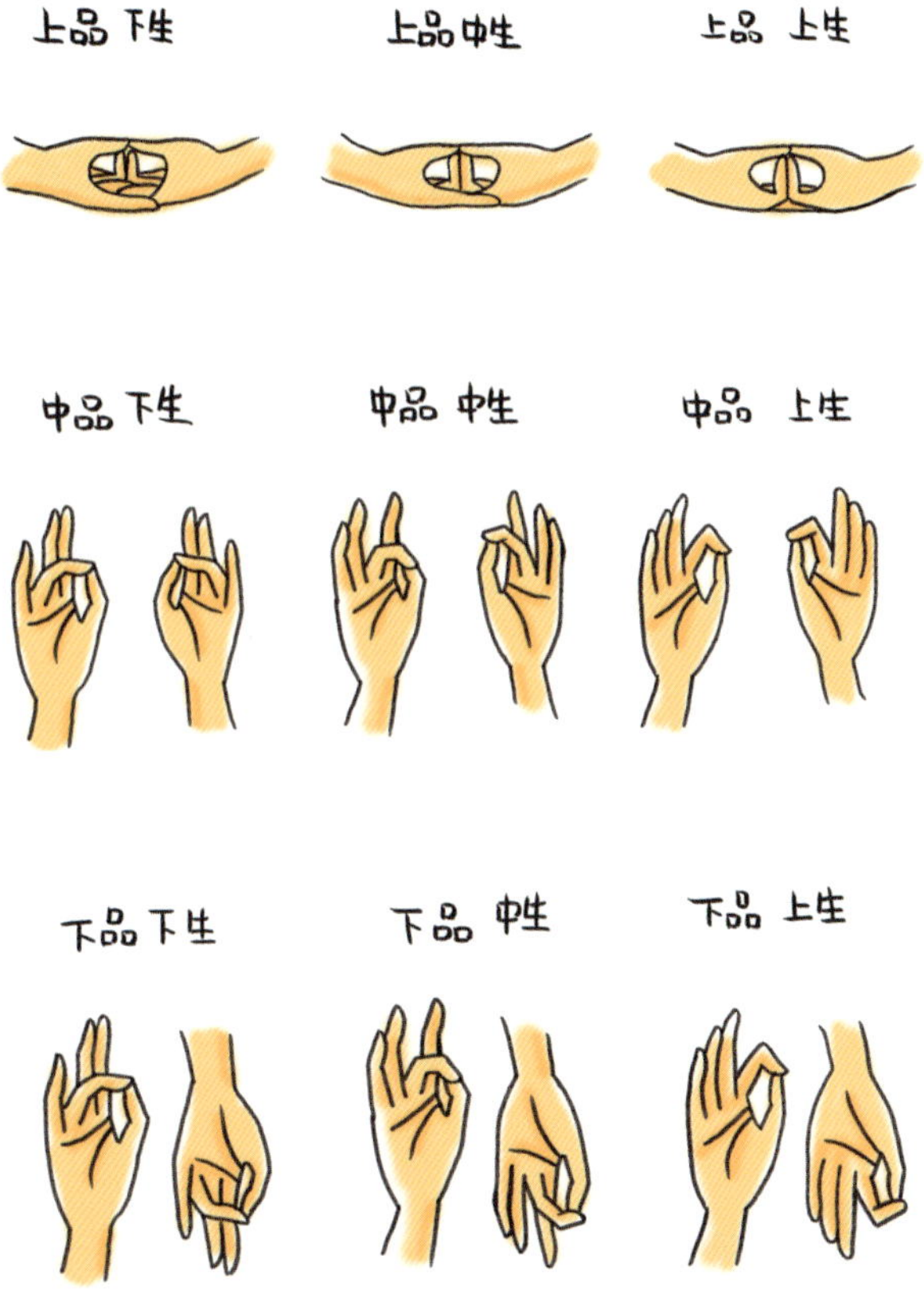

※九品来迎印には諸説あり、本書では代表的なものを挙げています。

薬師如来

【やくしにょらい】

サンスクリット語　バイシャジャグル
世界　東方浄瑠璃世界
脇侍　日光菩薩、月光菩薩
眷属　十二神将
代表的な寺　奈良・薬師寺
奈良・法隆寺
福島・勝常寺

手にのせた薬壺《やっこ》がトレードマーク。現世利益で人気

薬師如来は、修行時代に「十二の大願《たいがん》」を立て、仏となって衆生《しゅじょう》を救うことを誓いました。その大願とは、病気を治し健康にする、美味しい食事を食べさせる、素晴らしい衣服を与えるなど、民衆が現実に叶えてほしいと願っていることが中心です。

死んだあとに救済するのではなく、この世で利益を授ける如来として人気を集め、飛鳥時代には信仰が広まりました。

仏のすがたは基本的に通仏相で、左手に薬壺を持っています。ただし、古い像になると薬壺がなく、施無畏印《せむいいん》・与願印《よがんいん》を組んでいるため、一見、釈迦如来と区別がつきません。薬壺をのせた像は平安時代以降に作られるようになりました。毎月八日は「お薬師さま」の縁日です。

トリビア

有名な奈良の薬師寺は、飛鳥時代に天武《てんむ》天皇が皇后（のちの持統《じとう》天皇）の病気平癒を願って建立した

如来さまの
見分け方は
ムズカシ〜っ
けれど

薬壺を持っていたら「薬師如来」と思え！

病気回復
健康の
お願いは
おまかせ

毘盧舎那如来

【びるしゃなにょらい】

サンスクリット語　ヴァイローチャナ
世界　蓮華蔵世界
代表的な寺　奈良・東大寺
奈良・唐招提寺
福岡・戒壇院

蓮華蔵世界の頂点に立ち、あまねく輝き照らす

奈良・東大寺の大仏に代表されるように、毘盧舎那如来は大きく作られます。理由は住んでいる蓮華蔵世界にあります。この如来は千枚の花びらのある蓮台の上にいて、その花弁の一枚一枚には大釈迦が千枚の花弁がある蓮台に乗っており、蓮台の花びらにはさらにそれぞれ百億の仏の世界があり、そこに一尊ずつ小釈迦がいるそうです。この天文学的規模の世界を治めているため、仏像が巨大になりました。

仏教では、実際にこの世に現れた「応身仏《おうじんぶつ》」と、仏教の教えそのものを尊格化した「法身仏《ほっしんぶつ》」がいると考え、後者は毘盧舎那如来で本仏、前者は釈迦で法身仏の分身とみなされます。両者は不可分の関係です。

外見は通肩《つうけん》の通仏相。無数の小釈迦が並ぶ光背・千仏光は圧巻です。

トリビア

蓮華蔵世界を表すため、聖武《しょうむ》天皇は奈良に東大寺を建立し、大仏を祀った。現存の像は、高さ約十五メートル

千の花びらの蓮華座に乗っている
花びらには小さな仏様がいて
その数、百億以上!?
壮大なスケール!!
ハリウッド映画もびっくり…

大日如来

【だいにちにょらい】

サンスクリット語　マハー・ヴァイローチャナ

世界　金剛法界宮

眷属　〈金剛界〉阿閦如来、宝生如来、阿弥陀如来、不空成就如来／〈胎蔵界〉宝幢如来、開敷華王如来、無量寿如来、天鼓雷音如来

代表的な寺　奈良・円成寺
和歌山・金剛峯寺
京都・東寺

全宇宙を神格化した仏のなかの王

密教思想のなかで毘盧舎那如来を発展させたのが大日如来です。宇宙の根源となる存在で、密教では最高位にいます。ほかの如来や菩薩、明王は大日如来の仮のすがたとされ、金剛薩埵《こんごうさった》は、大日如来の化身として、人々にわかりやすく教義を説くという役割を担っています。

密教の世界観を映し出しているのが「金剛界曼荼羅《こんごうかいまんだら》」と「胎蔵界《たいぞうかい》曼荼羅」で、金剛界は仏の智慧を、胎蔵界は悟りの心を示しています。大日如来は両世界の中心です。まわりには四体の如来が描かれており、これらの如来と大日如来をあわせて「五智《ごち》如来」と呼びます。

格好は他の如来と異なり、宝冠をかぶり装飾品をつけ、きらびやかです。すべての仏を統《す》べるという性格から王者のすがたで表されます。

トリビア

金剛界の如来は東に阿閦《あしゅく》、南に宝生《ほうしょう》、西に阿弥陀、北に不空成就《ふくうじょうじゅ》、胎蔵界では、東に宝幢《ほうどう》、南に開敷華王《かいふけおう》、西に無量寿《むりょうじゅ》、北に天《てん》鼓雷音《くらいおん》を配する

ズバリ
ハデなんです～
如来には
珍しく
宝冠や
胸飾をつけて
キラキラ☆
最高の悟りの境地
を表す
智拳印を
結ぶ
仏の王だぜ！

風神・雷神

【ふうじん・らいじん】

浅草寺の雷門に除難のため安置された二神

風神と雷神は、自然現象を神格化したものです。もともとは、別々に祀られていました。千手観音の眷属である二十八部衆に加えら

れ、風雷二十八部衆ともいわれます。

風神は、中国では風伯、風師などと呼ばれています。鬼のすがたで裸にふんどしを着け、風袋をかついでいます。

雷神は、同じく裸体の鬼が虎の皮のふんどしをしめて、輪形に連なる太鼓を背負っています。言い伝えによると、無念を残したまま亡くなった菅原道真《すがわらのみちざね》の怨霊は、雷神となって都に雷を落としたそうです。

作例としては、俵《たわら》屋《や》宗達《そうたつ》の『風神雷神図』が代表的です。

第三章

菩薩

菩薩は、悟りを求めた修行時代の釈迦がモデルになっています。菩薩が如来になるために行う六つの修行を六波羅蜜《ろくはらみつ》といい、布施《ふせ》（施し）、持戒《じかい》（戒律を守る）、忍辱《にんにく》（耐え忍ぶ）、精進《しょうじん》（不断の努力）、禅定《ぜんじょう》（心を落ち着かせる）、般若波羅蜜《はんにゃはらみつ》（悟りの智慧）がその内容です。

菩薩には如来を補佐するという役割があり、脇侍として如来に仕える像が多く見られます。

弥勒菩薩

【みろくぼさつ】

サンスクリット語　マイトレーヤ
世界　兜率天
代表的な寺　京都・広隆寺
奈良・興福寺
奈良・当麻寺

静穏に思索する像で有名な未来仏

菩薩のなかでは、弥勒菩薩が最も早く成立しました。将来、仏になることが約束されているので、「未来仏」とも呼ばれます。いまは、兜率天《とそつてん》という神々の住む世界で修行していますが、釈迦の入滅から五十六億七千万年後にこの世に下生《げしょう》し、悟りを開いて釈迦の代わりに救済することになっています。

仏教では、釈迦の死後千五百年（二千年という説もあり）以上経つと、仏の教えだけが残り、修行する人も悟る人もいなくなって人も世界も最悪になる時代、すなわち末法《まっぽう》時代が訪れると考えられています。これを「末法思想」といい、すさんだ世の中から救ってくれる弥勒菩薩への信仰とあわせて広まりました。

兜率天にて
現世に
下りる日のため
人々の
救済方法を
瞑想ナウ
な
弥勒さま
フーム
下ろか
やめよか
考え中
半跏思惟
の
ポーズ

日本では平安時代後期からが末法時代になったため、後世に教えを残そうと、経巻《けいかん》を銅製の筒に納めて土中に埋める「経塚《きょうづか》信仰」が盛んになりました。このころから弥勒菩薩は、菩薩形ではなく、如来形で作られるようになります。

ですから、実際の像には菩薩形と如来形があります。基本的な菩薩形とは、釈迦の出家前のすがたで、貴人の服装です。宝髻《ほうけい》を結って宝冠をかぶり、肩から条帛《じょうはく》をかけ、下半身には裙《くん》を巻き、天衣《てんね》をまといます。胸飾《むなかざり》や瓔珞《ようらく》、腕釧《わんせん》・臂釧《ひせん》などの装身具で飾るのが特徴です。

鎌倉時代までは菩薩形のほうが多く見られましたが、時代が下るにつれ、如来形の作例が増えていきました。如来形は小さな仏塔がシンボルです。地・水・火・風・空の五大要素を象徴した五輪塔がよく用いられており、仏塔は、足の上に組んだ手や、手に持った蓮華の上にのせられています。また、代表的な菩薩形の作例が半跏思惟像《はんかしゆい》です。頬に手を添え、憂いを帯びた表情は、どのように人々を救済しようか思案しているのだといわれています。

トリビア

中国では布袋が弥勒菩薩の化身とされ、信仰を集めていた

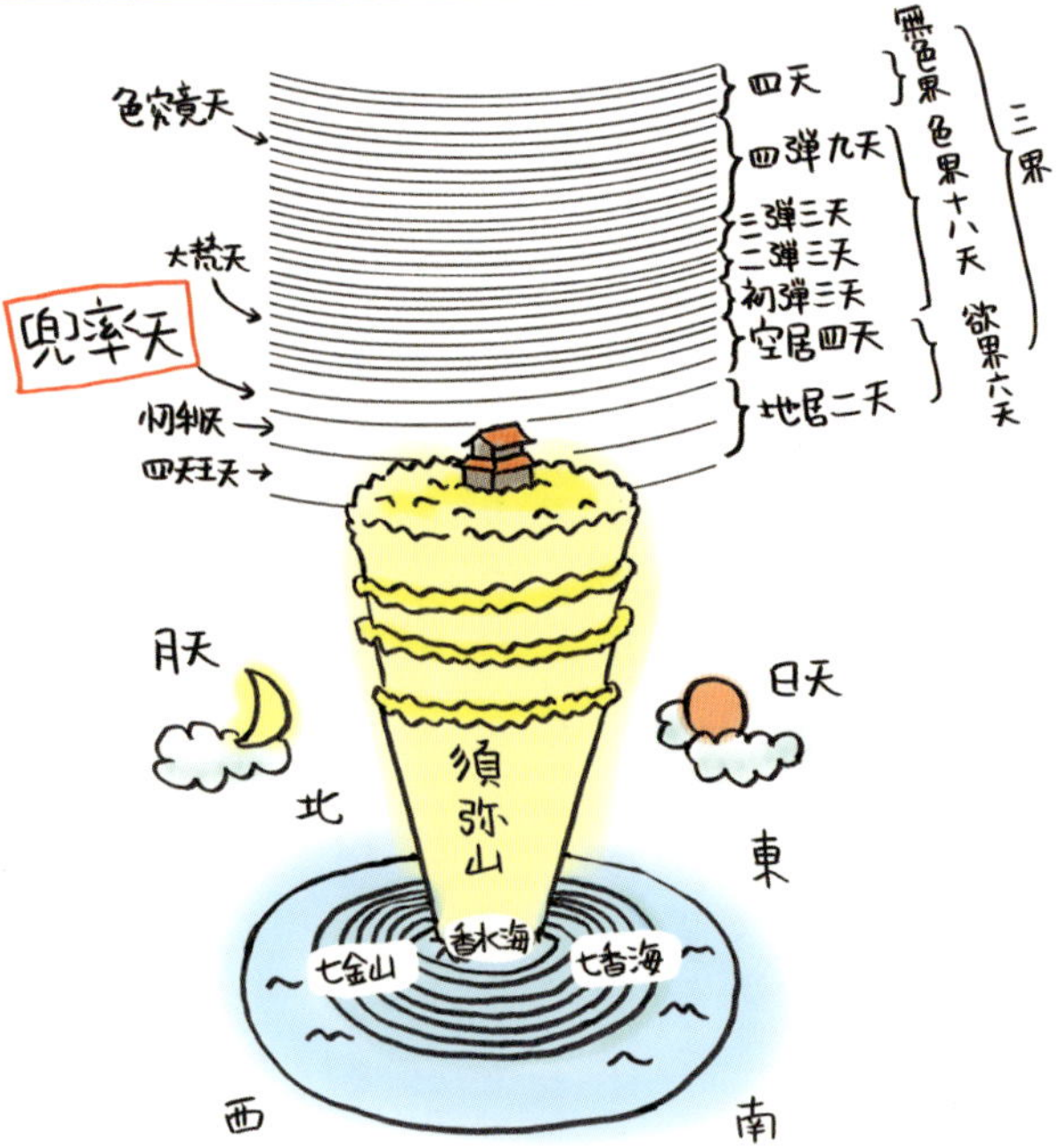
色究竟天
大梵天
兜率天
忉利天
四天王天
四天
四弾九天
三弾三天
二弾三天
初弾三天
空居四天
地居二天
無色界
色界十八天
欲界六天
三界
月天
日天
北
東
西
南
須弥山
香水海
七金山
七香海

如来形

文殊菩薩

【もんじゅぼさつ】

サンスクリット語　マンジュシュリー
世界　娑婆世界の清涼山
眷属　善財童子、優填王、仏陀波利三蔵、最勝老人
仕える仏　釈迦如来
代表的な寺　奈良・興福寺
奈良・安倍文殊院
奈良・西大寺

仏随一の智慧の高さを誇り、菩薩に説法をする

実在の人物という説もある文殊菩薩はバラモン家の生まれです。出家し、釈迦の弟子となりました。釈迦の入滅後は、ヒマラヤにて五百人の仙人の前で教えを説いたといわれています。いまも娑婆《しゃば》世界の東北にある清涼山《せいりょうざん》で、一万人の菩薩を相手に説法を続けているそうです。

「三人寄れば文殊の智慧」ということわざにあるように、智慧をつかさどる菩薩です。その智慧を象徴する逸話が、経典『維摩《ゆいま》経』に残されています。聡明で、大乗仏教の奥義に精通していた維摩居士《ゆいまこじ》には、釈迦の弟子でも議論で敵う者はおらず、弟子たちはいつも論破されていました。あるとき釈迦が、病気になった維摩居士のお見舞いに文殊菩薩を遣わしたところ、両者は対等にわたりあった、とのことです。

トリビア

文殊菩薩はさまざまな像が作られており、子どもに似せた「童形（稚児《ちご》）文殊」や老僧に見立てた「僧形（聖僧）文殊」がある

手にした剣で
煩悩を
まっぷたつに
しちゃう
学問の神様
らしく
巻き物は
智慧の
象徴
受験や
資格試験
の前には
お参りしよう！
かしこく
なりたきゃ
イラッシャイ
ガオ

【もんじゅぼさつ】文殊菩薩

真言の字数により髻《もとどり》と利益が変わる文殊も

すがたは基本的な菩薩形で、主に右手に剣、左手に経巻《けいかん》を持っています。経巻は智慧を、剣はその智慧がとぎすまされていることの象徴です。またがっている獅子は智慧の勢いの盛んさを表しています。ただし、古くは蓮台に結跏趺坐《けっかふざ》をしており、獅子に乗るのは平安時代以降です。

髻は宝髻《ほうけい》で、密教では、真言の文字数と髻の数を一致させた文殊菩薩がいます。たと

最勝老人

仏陀波利三蔵

えば、一文字の真言に対応する文殊は、「一字文殊（一髻文殊）」です。髻の数だけでなく、持物も異なり、利益も変化します。

眷属は、獅子の手綱を引く優填王《うでんおう》、合掌している善財童《ぜんざいどう》子《じ》、僧侶の仏陀波利三蔵《ぶっだはりさんぞう》、杖を持った最勝老人《さいしょうろうじん》です。この四尊と文殊菩薩が海を渡る様子を描いたものを「渡海文殊」と呼びます。ただし、曼《まん》荼羅《だら》では、八大童子《どうじ》（不動明王とは異なる）を眷属としています。

普賢菩薩

【ふげんぼさつ】

サンスクリット語　サマンタバドラ
世界　娑婆世界
仕える仏　釈迦如来
代表的な寺　京都・岩船寺
奈良・法隆寺
奈良・圓證寺

女性の信仰をとくに集めた白象の上に座る菩薩

白象に座す普賢菩薩は獅子に乗る文殊菩薩とともに釈迦如来の脇侍を務めます。智慧の文殊と行の普賢の両者そろうのが仏教の理想です。

普賢菩薩の立てた「十の大願《たいがん》」は修行の誓願の代表です。『華厳経《けごんきょう》』に行の師としての偉大さを示す記述があり、修行中の善財童子《ぜんざいどうじ》が五十三人の善知識（識見者）を訪ねた際、最後は普賢菩薩だったそうです。

一方『法華経《ほけきょう》』には、六牙の白象に乗った普賢菩薩が大勢の菩薩を連れて信者の前に現れ、利益を授けるとあります。法華経は女人往《にょにんおう》生《じょう》を初めて説いたため、平安時代以降、普賢の女性信者が増加しました。

一般的な普賢菩薩は一面二臂で胸の前で合掌していますが、普賢延命菩薩の場合、一面二十臂で一身三頭の象にまたがる像もあります。

トリビア

十羅刹女《じゅうらせつにょ》とともに描かれることもある。十羅刹女はもとは人を喰らう悪鬼だったが、仏教に深く帰依し、善神になったといわれる

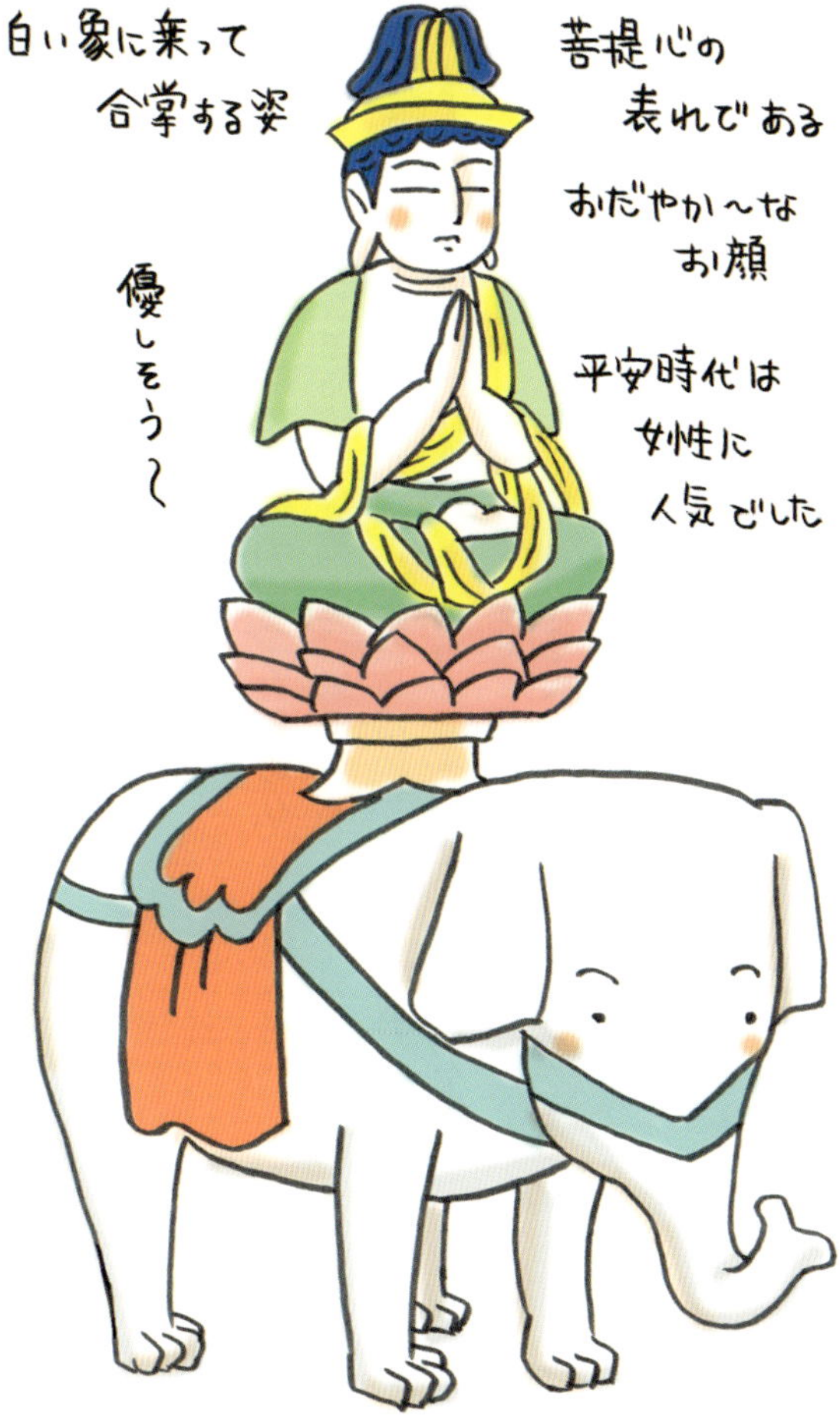
白い象に乗って
合掌する姿
菩提心の
表れである
おだやか〜な
お顔
優しそう〜
平安時代は
女性に
人気でした

虚空蔵菩薩

【こくうぞうぼさつ】

サンスクリット語　アーカーシャ・ガルバ
世界　東方大荘厳世界
代表的な寺　奈良・額安寺
京都・神護寺
京都・広隆寺

空海も達成した抜群の記憶力がつく行の仏

虚空蔵菩薩は密教で発達した仏です。果てしなく大きな智慧と福徳があるとされ、その智慧を頼って「虚空蔵求聞持法《ぐもんじほう》」という修法《しゅほう》が生まれました。この菩薩の陀羅尼《だらに》を百万遍唱えると、人並み外れた記憶力が授かるといいます。空海もこれを成し遂げ、利益を得たそうです。

また、五大虚空蔵菩薩を本尊とした息災・来福の祈願法もあります。五大虚空蔵菩薩とは、金剛界曼荼羅《まんだら》の如来が虚空蔵菩薩に変化《へんげ》したもので、菩薩の法力を五つに分けて五尊で表しています。

基本的なすがたは菩薩形で、蓮台に座しています。右手には智慧を象徴する剣を、左手には福徳を表す如意宝珠《にょいほうじゅ》を蓮華の上にのせて持っています。ただし、求聞持法の本尊となるときは、右手は与願印《よがんいん》です。

トリビア

虚空蔵菩薩を本尊とする寺では「十三参り」が行われる。数えで十三歳になると、福徳・智慧・健康を授かるようにとお参りする行事

悩みカモン
冠に仏さまを
5体つけている
虚空無限に
広がる
大きな心を
持ちます
名前も
意味も
カッコイイ
でも
渋め
思わず
甘えたく
なる…

地蔵菩薩

【じぞうぼさつ】

サンスクリット語　クシティ・ガルバ
世界　娑婆世界
代表的な寺　奈良・東大寺
奈良・法隆寺
京都・六波羅蜜寺

今日も道端にたたずむ、大衆の救世主

釈迦がこの世を去ってから弥勒菩薩が現れるまで五十六億七千万年あり、この間は如来のいない無仏時代となります。その時代に人々を救済するよう、釈迦が頼んだ相手が地蔵菩薩です。この菩薩はとくに庶民に親しまれ、平安時代の『今昔《こんじゃく》物語集』には何度も登場し、身代わり地蔵やとげぬき地蔵、子安地蔵など、多様な地蔵が作られました。

地蔵人気は、平安時代、地獄に対する恐怖心が強くなったことに関係します。閻魔大王の裁きを受ける際に地蔵が助けてくれるという俗信が広まり、民間信仰が盛んになりました。賽《さい》の河原では地蔵が幼な子を救うという説話があり、水子供養では地蔵が本尊となっています。

地蔵菩薩は娑婆《しゃば》世界にいるため基本的に僧形で、錫杖《しゃくじょう》を持ちます。

トリビア

悟りを得られなかった人間が地獄、餓鬼、畜生、修羅、人間、天の六道のなかを輪廻することから救うため、「六地蔵」が生まれた

The
庶民派
昔話にも
登場
キャラグッズにも
なってるし
皆知ってる
有名人
道端でも
よくお見かけ
します
立ち姿が
多いのは
行脚中
だから

勢至菩薩

【せいしぼさつ】

サンスクリット語　マハー・ストハーマプラープタ
世界　西方極楽浄土
仕える仏　阿弥陀如来
代表的な寺　奈良・法隆寺
京都・知恩院
京都・仁和寺

智慧の光で人々を照らし、悟りの心を育てる

阿弥陀如来の脇侍である勢至菩薩は、左の脇侍の観音菩薩とあわせて三尊で祀られます。独立した本尊として作られることはほとんどありません。観音は慈悲のちからで、勢至は智慧のちからで、人々を救済します。また、勢至菩薩は観音の慈悲の心を糧にして、衆生《しゅじょう》に菩提《ぼだい》心《しん》（悟りを求める心）の種子を植えているともいわれています。

勢至菩薩のすがたは、観音菩薩とほぼ同じです。見分けるポイントは頭上の宝冠。観音には化仏《けぶつ》がついていますが、勢至は宝瓶《ほうびょう》を付しています。このなかに入っているのは智慧の水。なぜ水が関係するかというと、一説には古代ペルシアで広まっていた水神・アナーヒター女神が仏教に取り入れられ、勢至菩薩になったからだといわれています。

トリビア

浄土宗の開祖・法然の幼名は「勢至丸」。法然の賢さは有名だった

静かで
かしこそうな
お顔です
宝冠に
水瓶を
つけているのが
目印
ひっそり佇む気品
阿弥陀さま
の
右側に
いるヨ

日光菩薩・月光菩薩

【にっこうぼさつ・がっこうぼさつ】

サンスクリット語 〈日光〉スーリヤ・プラバ、〈月光〉チャンドラ・プラバ
世界 東方浄瑠璃世界
仕える仏 薬師如来
代表的な寺 奈良・薬師寺
奈良・東大寺
京都・神護寺

太陽と月のパワーで煩悩や苦しみを消し去る

太陽と月をシンボルにした日光菩薩・月光菩薩は、薬師如来の脇侍です。『薬師経疏《きょうしょ》』には、両菩薩の発祥の話が収められています。二人の子どもを養育していたバラモン教徒が、重病に苦しむ人々を救うという大悲願を立てました。この人は仏から医王という称号を与えられますが、医王は薬師如来であり、子どもたちは日照・月照、のちの日光菩薩・月光菩薩だった、ということです。

この二尊は単独では祀られず、よく似た菩薩形で造像されます。持物はない場合が多く、手の形は両尊が左右対称です。持物があるときや宝冠には日輪・月輪がかたどられます。生死や苦など人の闇を太陽の光で滅ぼし、煩悩に迷う心を月の光で消す霊験があるとされます。

トリビア

日光菩薩の真言を唱えると病根が焼かれ、月光菩薩の真言を唱えると苦熱が除かれるといわれている

薬師如来の向かって
右側にいるのが
日光菩薩

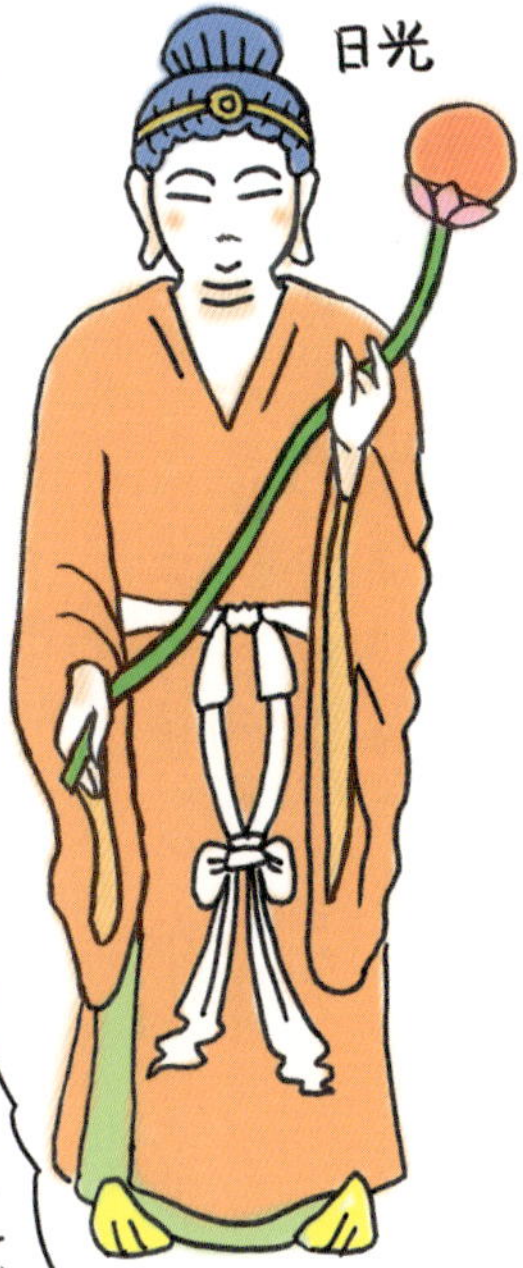

左側にいるのが
月光菩薩

薬師如来に救われた
子供なので
少しプクプクしてます

似てるけど それぞれ覚えてね

観音菩薩（聖観音）

【かんのんぼさつ（しょうかんのん）】

サンスクリット語　アヴァローキテーシュヴァラ
世界　補陀落山
西方極楽浄土
仕える仏　阿弥陀如来
代表的な寺　奈良・法隆寺
奈良・薬師寺
京都・鞍馬寺

仏像のなかで最も多く作られた観音の基本形

観音菩薩には三十三の変化身《へんげしん》があると『観音経』※1に記されています。救いを求める人の状況や人格に応じてすがたを変えるためです。ここから聖観音を基本とした十一面観音等の「変化観音」が派生しました。

聖観音菩薩は一面二臂で、多面多臂はありません。阿弥陀如来の脇侍なので、宝冠には阿弥陀の化仏《けぶつ》を付しています。この化仏は観音共通のシンボルです。そして主に右手に蓮の花、左手には水瓶《すいびょう》を持ちます。

日本最古の仏像は飛鳥時代のものです。人気は当時から高く、仏教説話集『日本霊異《りょうい》記』や『今昔《こんじゃく》物語集』にもたくさんの話が収められています。人気の理由は現世利益的なところ。その名を唱えれば火難など七つの災難から逃れられ、念じれば三毒※2が離れるそうです。

※1正しくは経典『法華経《ほけきょう》』の「観世音菩薩普門品《かんぜおんぼさつふもんぼん》第二十五」
※2貪《とん》（貪欲）・瞋《じん》（怒り）・癡《ち》（愚痴）という三つの煩悩

トリビア

『華厳経《けごんきょう》』によると、観音菩薩は南海の補《ふ》陀落《だらく》山に大勢の菩薩とともに住んでいる

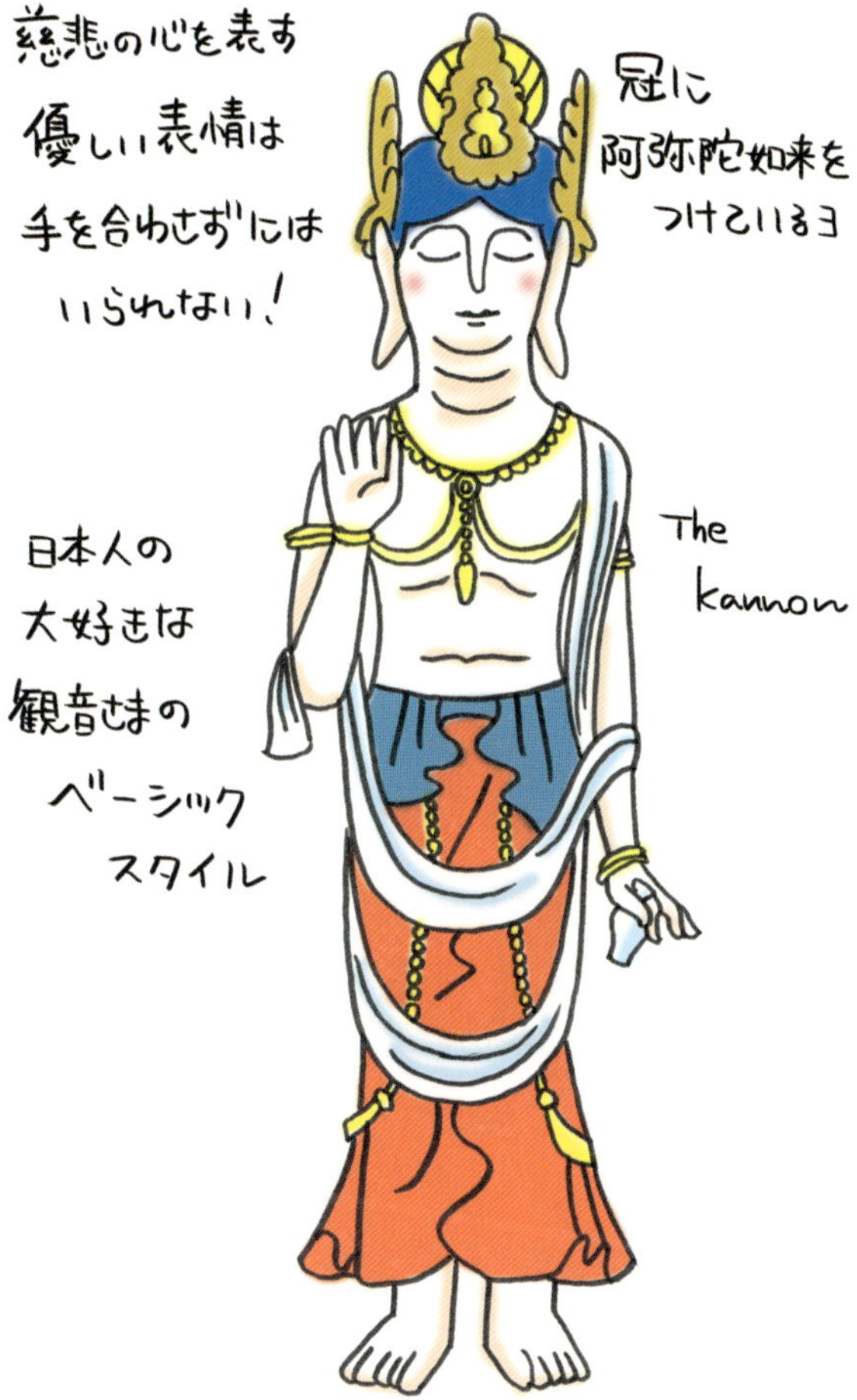
慈悲の心を表す
優しい表情は
手を合わさずには
いられない!
冠に
阿弥陀如来を
つけているヨ
The
kannon
日本人の
大好きな
観音さまの
ベーシック
スタイル

十一面観音菩薩

【じゅういちめんかんのんぼさつ】

サンスクリット語　エーカダシャ・ムカ
代表的な寺　奈良・聖林寺
奈良・法華寺
滋賀・向源寺

十一の顔ですべての方角に注意を向けて人々を救う

十一面観音は、変化《へんげ》観音のなかで最も早く生まれました。経典によると、頭上の十の菩薩面は十種の現世利益、たとえば病気にならない、財物や衣服に困らないなどの「十種勝利」を、頂点の如来面が四種の死後の功徳、たとえば極楽浄土に往生できるなどの「四種果報」を表しています。信仰は、奈良時代から平安時代にかけて浸透しました。

顔の数は、一般的には正面の顔の上に十一面乗っていて計十二面ですが、あわせて十一面という像もあります。正面の三面は慈悲面で優しい表情、左三面は瞋怒《しんぬ》面で怒りの表情、右三面は狗牙上出《くげじょうしゅつ》面で牙を出した顔、後頭部は暴悪大笑《ぼうあくだいしょう》面で、さげすむような大笑いの顔です。

多くは右手が与願《よがん》印、左手には蓮華を挿した水瓶《すいびょう》を持っています。

トリビア

人が輪廻を繰り返す地獄、餓鬼、畜生、修羅、人間、天の六道にはその界ごとに観音がいて、人々を救済するという、六観音信仰がある

一番上の目立つ顔が
"仏面"
左側は
恐ろしい顔
右側は
歯を見せて
笑っている
正面は
おだやかな
表情
名作の仏像が
たくさん
あるので
巡礼の旅も
楽しめマス
白洲正子さん
の本でも
有名になった
観音さま

不空羂索観音

【ふくうけんじゃくかんのん】

サンスクリット語　アモグハ・パーシャ
代表的な寺　奈良・東大寺　奈良・興福寺　京都・広隆寺

慈悲の縄であらゆる人々をもらすことなく救い取る

変化《へんげ》観音としては、十一面観音の次に成立しました。天平時代から平安時代初期の仏像がとくに多く残されています。しかし、それ以降のものは少ないことから、信仰は下火になったようです。一説には、藤原氏が国家的に信仰したため、一般化しなかったといわれています。

功徳は十一面観音の「十種勝利」と「四種果報」の倍あるとされ、病気がなくなったり、財宝に恵まれたり、美しくなったりといった、世俗的な内容です。加えて、鎮護国家の利益もあります。十一面観音のあとに登場したため、功徳がより多く強調されたといえます。

外見は基本、一面八臂です。額に第三の眼、化仏《けぶつ》のついた宝冠、鹿皮の衣をまとうという特徴があり、羂索《けんさく》（縄）は必ず手にしています。

トリビア

サンスクリット語名のアモグハは不空という意味で、転じて失敗のないことを、パーシャは羂索で、戦いなどで使われる投縄を指す

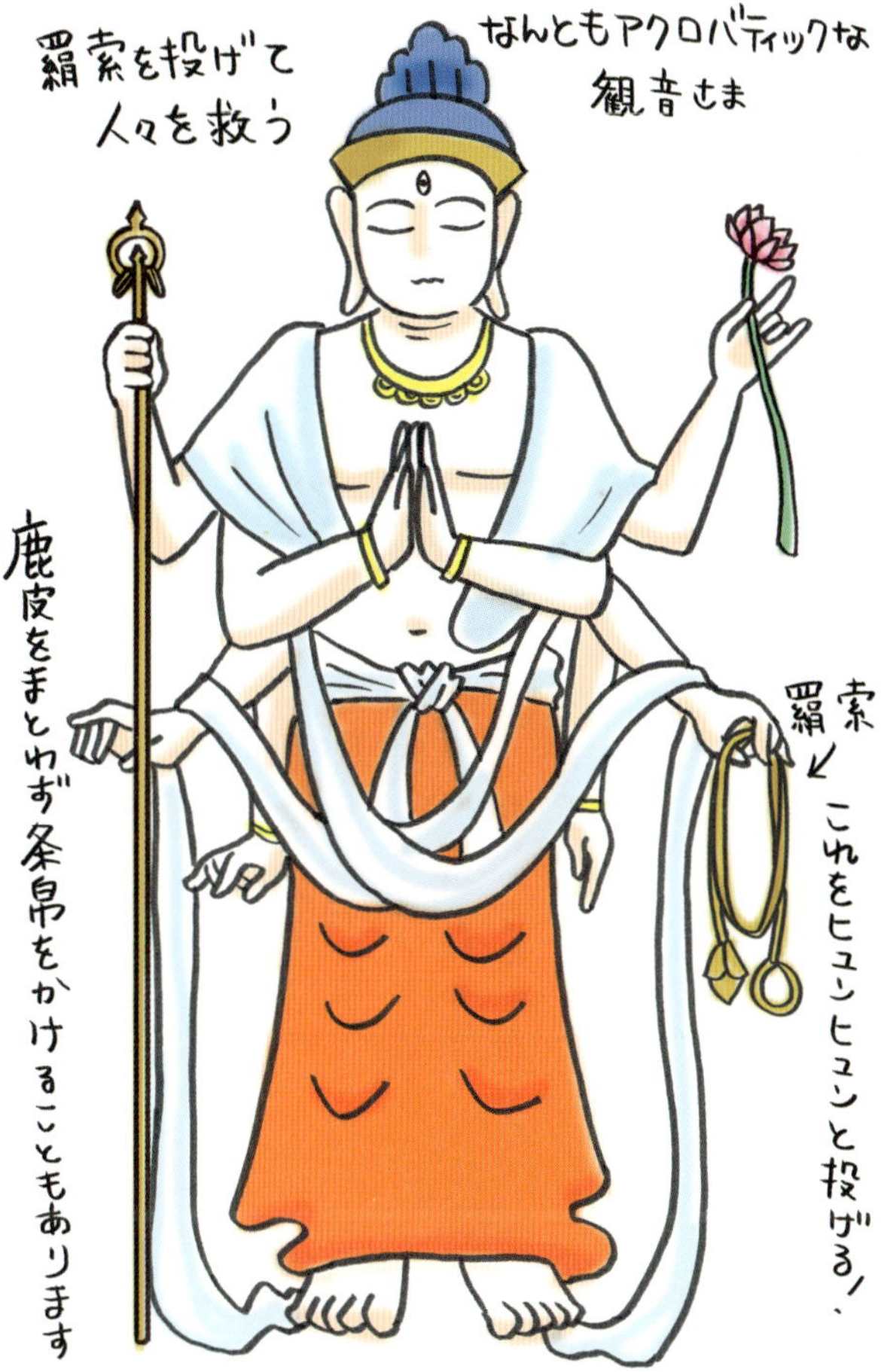
羂索を投げて人々を救う
なんともアクロバティックな観音さま
鹿皮をまとわず条帛をかけることもあります
羂索
これをヒュンヒュンと投げる！

千手観音

【せんじゅかんのん】

サンスクリット語　サハスラブジャ・アーリヤ・アヴァローキテーシュヴァラ
眷属　二十八部衆
代表的な寺　大阪・葛井寺　京都・三十三間堂　和歌山・道成寺

千の慈眼で苦しみを見つめ、千の慈悲の手で救済する

千手観音の正式名称は「千手千眼観自在《せんじゅせんげんかんじざい》菩薩」です。千は数ではなく、無限という意味。広大無比な救済の能力を表します。手には眼がついていて、この千の慈眼で苦しみを認めます。不空羂索観音のあとに現れ、信仰が定着したのは平安時代以降です。あらゆる願いを叶えますが、とりわけ、病気平癒や延命、滅罪の功徳で人気となりました。

実際に千本の手を持つ仏像は、あまりありません。四十二臂が一般的で、胸の前で合掌する二手と左右に二十手ずつです。四十手の一本ずつに二十五の俗世の衆生《しゅじょう》を救うはたらきがあります。十一ある顔は十一面観音とほぼ同じ作りですが、二十七面の像も見られます。手には宝珠、蓮華、錫杖《しゃくじょう》などを持ち、具体的な救済手段を示しています。

トリビア

眷属は梵天、帝釈天、毘沙門天などの二十八部衆

千本もある手の一本一本に 道具を持っている

いろんなやり方で
救ってくれそう

見ていて
楽しい
頼もしい！

ジャンケンも
強そう…

如意輪観音

【にょいりんかんのん】

サンスクリット語　チンターマニ・チャクラ
代表的な寺　大阪・観心寺　滋賀・石山寺　奈良・室生寺

如意宝珠をシンボルとした福徳・息災の仏

『如意輪陀羅尼《だらに》経』という経典によると、如意輪観音は世間一般の人には金銀などの財宝を、出家した人には福徳を授けるとされています。変化《へんげ》観音のなかでは最後に出現しましたが、奈良時代から信仰が普及し、災害や病気から身を護ってくれると信じられてきました。

この仏像は通常、一面六臂です。ただし、手の数は二から十二本とさまざまな作例があります。蓮台の上では、輪王《りんのう》座という右足のひざを立て、両足の裏を合わせためずらしい姿勢を取っています。持物は、名前にある如意宝珠《にょいほうじゅ》と法輪のほか、蓮華が代表的です。右の第一手は頬に触れて思惟したかたちで、衆生《しゅじょう》をどのように救済しようかと考えています。

トリビア

サンスクリット語名のチンターマニは如意宝珠を、チャクラは法輪を意味する。如意宝珠には願いごとを叶えるちからがあるという

右手を頬に当てて
うっとり～と
なんとも
くつろいだ姿
ホワーン
じっと見てると
リラックス
できちゃう
一本の手を
台座に
つくのが
特徴
です
いノ

馬頭観音

【ばとうかんのん】

サンスクリット語　ハヤグリーヴァ
代表的な寺　奈良・大安寺
福井・馬居寺
福岡・観世音寺

菩薩で唯一怒りの表情をした、馬をのせた観音

その名の通り、馬の頭を頭上にのせているのが馬頭観音です。馬は、天馬が駆けるようにこの世を自由に走りまわり、障害を駆逐する様子を象徴しています。自らは解脱せず、娑婆《しゃば》世界で悪と戦いながら人々の苦悩や煩悩を消し去ることを本願とします。菩薩のなかでこの観音だけが忿怒相なのは、さまざまな魔障を打ち砕くためです。

容姿は三面八臂が比較的多く、二手は胸もとで複雑な馬口印《まこういん》を結ぶか、合掌します。持物は主に、鉞斧《えつふ》、法輪、金剛棒、念珠です。

日本には天平時代に伝えられ、庶民の間での信仰が盛んになりました。鎌倉時代以降は、本来の効験から離れ、馬から想起される利益のある神に、たとえば交通安全の神や馬の守護神として発展しています。

トリビア

ヒンドゥー教の神・ヴィシュヌの化身といわれている

忿怒の形相で
魔を砕く!!
冠の上には馬の頭が
あります
ヒヒーン
馬券を
当てたいって
ときに
ご利益
ありかも!?
ぜひ
お参りを!

准胝観音

【じゅんていかんのん】

サンスクリット語　チュンディー
代表的な寺　京都・大報恩寺
奈良・新薬師寺
京都・醍醐寺

女性的な優しい顔立ちをした仏の母

「清浄」という意味を持つサンスクリット語のチュンディーを音写したのが准胝観音です。インドの初期の経典には「准胝仏母《ぶつも》」や「七倶胝《しちぐてい》仏母」とあり、「観音」がなかったことから、准胝は観音ではない、という説もありました。たくさんの仏を生んだとされています。

元来、現世利益はなく「仏母准胝陀羅尼《だらに》」を唱える修行者を護る存在でした。子授け観音として信仰されはじめたのは平安時代からです。

基本的なかたちは、一面十八臂で、眉間に第三の眼があります。化仏のついた宝冠をかぶった菩薩形です。中央の二手は説法印や施無畏《せむい》印を結ぶことが多く、残りは剣、念珠、羂索《けんさく》、金剛杵、蓮華などを握っています。作例は、あまり多く残されていません。

トリビア

真言宗の僧・聖宝《しょうぼう》が、醍醐《だいご》天皇のために子宝を願って准胝観音に祈祷《きとう》したところ、朱雀《すざく》天皇と村上《むらかみ》天皇が生まれたという逸話がある

清い母性を表す
柔らかい表情
心は清らかヨ
こんな心で人に接することができたら…
と思わされます
とにかく
千手観音と
間違われ
やすい〜っ

三十三観音

【さんじゅうさんかんのん】

代表的な寺

〈楊柳観音〉奈良・大安寺
〈白衣観音〉群馬・慈眼院
〈水月観音〉神奈川・東慶寺

中国の観音信仰やインドが発祥の観音

『観音経』において、観音菩薩は三十三のすがたに変化《へんげ》すると説かれています。この三十三身にちなんで後世に中国で考え出されたのが三十三観音です。ここから、西国《さいごく》三十三所巡礼が十二世紀に成立しました。この西国三十三所の影響を受けて、鎌倉時代には、坂東《ばんどう》三十三カ所と秩父三十四カ所も創設されています。秩父だけ三十四寺なのは、「日本百観音霊場」とするためだそうです。

代表的な観音として、インドに起源を持つ「楊柳観音」「白衣観音」「青頸《しょうきょう》観音」や、中国の観音信仰から生まれた「水月観音」「魚籃観音」が挙げられます。

楊柳観音《ようりゅうかんのん》――病難を取り除く功徳があるとされます。右手に柳の枝

純白の衣に身を包む
優しさに満ちた
白衣観音

超巨大!?な
像もあり

優しさもBigよ~

柳を片手に
え~感じな
楊柳観音

画題にされることも
多いです

を携えているか、そばに柳を挿した水瓶《すいびょう》を置いているのが特徴です。白衣観音と似ており、岩の上に座るすがたで描かれることも多いです。

白衣観音《びゃくえかんのん》――『請《しょう》観音経』には、インドで悪疫がはやったとき、楊枝と浄水を持った観音が出てきて病気が治る呪文を伝えたとあり、白衣観音はこれに由来します。息災と除病、さらに安産や子育ての功徳があります。仏教美術の題材として人気が高く、曼荼羅《まんだら》や水墨画によく登場します。

水月観音《すいげつかんのん》――水月観音は、水中の月を見ているすがたが印象的です。蓮華の花びらの上に立って、水の中の月を眺めている構図が多く見られます。曼荼羅のなかでは三面六臂で描かれることもあります。

魚籃観音《ぎょらんかんのん》――中国・唐代の故事に登場する美女から生まれた観音です。その美女は大勢から求婚されるのですが、経典を読誦《どくじゅ》できた者と結婚すると宣言します。最終的にひとりと結婚しましたが、美女はすぐに亡くなってしまいました。実は観音の化身で、人々を導くために遣わされたということです。手に魚を入れる籃《かご》をさげているのが特徴です。

トリビア

青頸観音は、ヒンドゥー教のシヴァ神が起源といわれる。シヴァ神は猛毒を飲んだため、喉が青くなってしまったといういわれがある

水中の月を眺める
ロマンチックで
乙女心を
くすぐる
水月観音

片や
魚を入れた
カゴを持つ
ちょっとコミカル？な
魚籃観音

飛天

【ひてん】

平等院鳳凰《ほうおう》堂の雲中供養菩薩として名高い

飛天とは天人のことをいい、仏教思想の六道のうち、最上界の天に住んでいます。空を飛び、花を撒《ま》き、音楽を奏で、香を焚《た》いて、

如来を讃え、供養します。

経典によると、極楽浄土には、飛天や菩薩のほか、迦陵頻伽《かりょうびんが》（半人半鳥の生き物）や共命鳥《ぐみょうちょう》（頭が二つの鳥）がいて、浄土図にその世界が表現されています。

平安時代の後期には、極楽往生への思いが高まり、阿弥陀如来の信仰が急速に広まりました。「阿弥陀如来来迎図」では、阿弥陀如来に従う二十五の菩薩として、さまざまな楽器を手にした飛天が描かれています。

第四章 明王

明王は密教の思想から生み出された仏で、大日如来の化身とされています。明王像は、密教である真言宗の開祖・空海や天台宗の開祖・最澄などの手により、平安時代の初期に日本へ持ち込まれました。

明王のなかでも五大明王が有名で、不動明王を中心として、東に降三世明王、南に軍荼利明王、西に大威徳明王、北に金剛夜叉明王が安置されます。

不動明王

【ふどうみょうおう】

サンスクリット語　アチャラ・ナータ
眷属　矜羯羅童子、制吒迦童子、慧光童子、慧喜童子、阿耨達童子、指徳童子、烏倶婆伽童子、清浄比丘
代表的な寺　京都・東寺　和歌山・金剛峯寺　京都・峰定寺

五大明王の一尊。「お不動さん」の愛称でおなじみ

明王の特徴といえば忿怒相。なぜ忿怒相かというと、大日如来は教えを説く相手の能力や人格に応じて変化《へんげ》します。それを「三輪身《さんりんじん》」と呼び、「自性《じしょう》輪身」では如来のすがたで現れます。「正法《しょうぼう》輪身」は菩薩となって慈悲の心で正しい教えに導き、明王のすがたで出るのが「教令《きょうりょう》輪身」です。煩悩が強すぎる者に対しては力づくで教化《きょうけ》するため、武器と怒りが必要なのです。不動明王は大日如来の教令輪身です。

不動明王は平安時代初期、空海により密教とともに日本に伝えられました。鎮護国家の祈祷《きとう》の対象となった一方で、山岳信仰と結びついた※修験道《しゅげんどう》でも重視されていました。また、屈強な容姿から軍神として武士の信者も増やします。大衆へも広まって、功徳も多様化しました。

※役小角《えんのおづぬ》（役行者《えんのぎょうじゃ》）が開祖で、密教や神道、道教などが融合した宗教

トリビア

日本では全国各地で見られる仏だが、インドでの作例は少なく、中国でも単独で祀られることはほとんどない

煩悩を焼きつくし
清める炎を
背負ってます
ゴオオオオオ
ぷくぷくした
子供の姿
炎の中でも
不動だぜ！
あちち
本当は
ガマン
してる!?

不動明王【ふどうみょうおう】

強面《こわもて》だが仏の信者には素直に従う慈悲の面も

すがたは基本的に一面二臂で、童子形といわれる丸みを帯びた幼児体型です。右手には剣、左手には羂索《けんさく》。剣で煩悩を切り捨て、慈悲の羂索で救済します。不動明王はただ恐ろしい存在ではなく、慈悲深い一面もあるのです。

表情は、額に波打つ深いしわ、右目は見開き、左は半眼という天地眼。歯で唇を噛み、牙を出しています。

髪は弁髪《べんぱつ》といって、束ねて

左側に垂らし、頭頂部には花の形をした莎髻《しゃけい》を結うか、頂蓮と呼ばれる蓮華をのせます。

火焔の光背は、煩悩を焼き尽くすといわれる迦楼羅炎《かるらえん》です。台座は原則として大盤石の瑟瑟《しつしつ》座で、その上に結跏趺《けっかふ》坐《ざ》をしています。

眷属《けんぞく》は八大童子《どうじ》が有名です。合掌をしている矜羯羅童子《こんがらどうじ》と金剛棒を持っている制吒迦《せいたか》童子を二童子とします。ほかに、慧光《えこう》童子、慧喜《えき》童子、阿耨達《あのくた》童子、指徳《しとく》童子、烏倶婆伽《うぐばか》童子、清浄比丘《しょうじょうびく》がいます。

降三世明王

【ごうざんぜみょうおう】

サンスクリット語　トライローキャ・ヴィジャヤ

代表的な寺　京都・醍醐寺　福井・明通寺　大阪・金剛寺

悪人の調伏《ちょうぶく》や戦勝祈願の本尊として崇められる

三世とは、貪《とん》・瞋《じん》・癡《ち》という三毒を意味します。貪は貪欲、瞋は怒り、癡は無知で、根源的な煩悩です。降三世明王は過去・現在・未来にわたり、欲界《よくかい》・色界《しきかい》・無色界《むしきかい》の三界《さんがい》にて、三毒を降伏《ごうぶく》しています。

この明王の仏像は、二神を踏みつけにしているところが目を引きます。二神は、インドのヒンドゥー教の神・シヴァと、妻のウマーです。

基本は三面八臂ですが、一面や、二臂・四臂像もあります。顔は忿怒相で、額には第三の眼、逆立つ怒髪。小指をからめて胸の前で交差させる独特な降三世印を取ります。虎皮の裙《くん》を腰にまとって火焔の光背を背負い、持物は、金剛鈴、剣、羂索《けんさく》、箭《せん》、弓などです。

金剛界※五仏との対応では、東方の阿閦《あしゅく》如来の教令輪身《きょうりょうりんじん》です。

※金剛界には大日如来を中心に四仏がおり、あわせて金剛界五仏と呼ぶ。五大明王は、金剛界五仏の教令輪身

トリビア

二神を踏むのは仏教のほうがヒンドゥー教より優れていることを示しているとも、二神は三毒の象徴で、明王が調伏しているともいわれる

忿怒の形相で
異教の神を踏みつける！
貪・瞋・癡を調伏する！
妻の
烏摩妃
マし～
大自在天
……

軍荼利明王

【ぐんだりみょうおう】

サンスクリット語　クンダリー

代表的な寺　滋賀・延暦寺
京都・大覚寺
三重・常福寺

すさまじい怒りの表情で数々の障難を追い払う

サンスクリット語名のクンダリーを音写したのが、軍荼利明王です。クンダリーには、甘露、またはとぐろを巻くもの、蛇という意味があります。実際の像でも、軍荼利明王は、手足や首にたくさんの蛇を巻きつけています。甘露は不老不死の薬であることから、無病息災の功徳があるともいわれます。

特徴は、左右の手を胸の前で交差させた大瞋印《だいしん》（跋折羅《ばさら》印ともいう）。この明王は一面三眼八臂が代表的ですが、第一手が大瞋印を結んでいます。八本の腕には腕輪をつけ、虎皮と錦の布で腰を覆い、踏割蓮華の上に立ちます。忿怒相と火焔の光背はほかの明王と共通です。

軍荼利明王は、南方の宝生《ほうしょう》如来の教令輪身《きょうりょうりんじん》とされています。

トリビア

蛇は煩悩の象徴であるとともに、生命エネルギーにもたとえられる

手首足首にたくさん
ヘビを巻きつけてるヨ
きもちわるく
ないのか…
逆立つ
髪の毛！
手を交差するのが独特のポーズ
片足を上げて
蓮華を踏みつける
ドリャー

大威徳明王

【だいいとくみょうおう】

サンスクリット語　ヤマーンタカ
代表的な寺　奈良・唐招提寺
高知・竹林寺
長野・牛伏寺

六つの手・足・顔で、さまざまな悪を倒す

六本の足で青水牛にまたがるという、特異ないでたちなのが大威徳明王です。基本的に、顔が六面、手は六本、足も六本。顔にはそれぞれ三つの眼があり、忿怒の形相です。印相もめずらしく、胸の前で小指と薬指をからませ、中指を立てて合わせるという檀荼《だんだ》印です。ほかの手は、剣、戟《げき》、棒などを取ります。

水牛というのは田んぼの泥のなかを自在に進んでいくため、この世のあらゆる障壁に打ち勝っていくたくましさを象徴しています。

サンスクリット語名・ヤマーンタカのヤマは死の神・閻魔、アンタカが倒す者で、閻魔を倒す者という意味があります。そのため悪を降《ごう》伏《ぶく》し勝利へと導くとされ、戦勝祈願の本尊として祀られています。

トリビア

「六」という数字は「六道」の象徴ともいわれる。金剛界五仏との対応では、西方の阿弥陀如来の教令輪身《きょうりょうりんじん》

6本の手
6本の足
胸の前では
中指を
立てる印を
結ぶ
乗っているのは
かわいい
「水牛」
モウ♥

金剛夜叉明王

【こんごうやしゃみょうおう】

サンスクリット語　ヴァジュラ・ヤクシャ
代表的な寺　宮城・瑞巌寺
滋賀・延暦寺
三重・常福寺

比類なきちからで煩悩を打ち砕く五眼の明王

金剛には、最も硬い、優れているという意味があり、また金剛杵を指すことから、いっさいの煩悩や不浄、悪を粉砕する明王だといわれています。その性質から厄除けや息災に効験があると崇められてきました。ただし、単独で祀られることは少なかったようです。

最大の特徴は、正面の顔にある五眼。通常の眼の上にもう一列並び、額の中央にも一眼あります。三面六臂が一般的で、六本の手には、弓と矢、五鈷杵《ごこしょ》、剣、鈴などを持ちます。虎の皮で腰を覆い、怒髪の忿怒相、火焔の光背は、ほかの明王と同様です。足元には踏割蓮華があり、足を少し持ち上げるという独特のポーズをよく取ります。

金剛界五仏では、北方の不空成就《ふくうじょうじゅ》如来の教令輪身《きょうりょうりんじん》です。

トリビア

金剛夜叉は千二人の子をもつ国王の末子で、千人の兄は仏。千一人目が悪魔になったため、金剛夜叉は千人の兄を守る役目となった

汚れを払い
息災を祈る
忿怒相
五つもある目で
ギロリと
悪をにらむ！
よく
見えそう…
フムム

愛染明王

【あいぜんみょうおう】

サンスクリット語　ラーガ・ラージャ

代表的な寺　奈良・西大寺
奈良・東大寺
京都・神護寺

江戸時代には花魁《おいらん》や芸者の守り本尊となった

紅く燃える体と真っ赤な日輪の大円光が情熱的な愛染明王は、青黒い明王が大半を占めるなか、対照的な存在です。この赤は愛欲を象徴しています。愛染明王は、煩悩とされる愛欲でさえも無理に消さず、悟りのエネルギーへと昇華させるのです。そこで、「※煩悩《ぼんのう》即《そく》菩提《ぼだい》」の本尊として人気を博しました。平安時代後期には、人間関係を良くする敬愛と、外敵を退ける調伏《ちょうぶく》の効験により、貴族社会で信仰を集めました。鎌倉時代の蒙古襲来の際には、とくに調伏の利益が期待されました。また敬愛の功徳から、恋愛成就の祈願へとつながっていきました。

容姿は頭にかぶった獅子冠が特徴です。一面三眼六臂像が多く、金剛愛の象徴である弓と矢を持ちます。蓮台の下には宝瓶《ほうびょう》が置かれます。

※煩悩と悟りは表裏一体であるという考え

トリビア

天に矢を放つ格好をした「天弓《てんきゅう》愛染」や、不動明王との二面を持つ「両頭《りょうず》愛染明王」もある

愛欲の煩悩の
ドロドロっぷりを
表す
まっ赤な肌
獅子の冠を
かぶる
ドロ
ドロ〜
宝物を
吐き出す
という
びっくりな
壺

孔雀明王

【くじゃくみょうおう】

サンスクリット語　マハー・マユーリー
代表的な寺　和歌山・金剛峯寺
奈良・正暦寺
京都・仁和寺

羽根を広げた孔雀に乗る優美な明王

孔雀はインドで古くより、益鳥・吉鳥として尊重されてきました。

孔雀明王の信仰は、日本では奈良時代からです。雨乞いや除災を祈願する「孔雀経法」という密教の修法《しゅほう》の本尊とされました。山岳修行者の間で人気があり、修験道《しゅげんどう》の開祖・役小角《えんのおづぬ》（役行者《えんのぎょうじゃ》）も信仰したそうです。平安時代以降は、貴族にも広まりました。

孔雀明王は、忿怒相の明王にはめずらしく、穏やかな表情の菩薩形です。別名を「孔雀王母《おうも》」や「仏母《ぶつも》大孔雀明王」といい、女性的であるが故です。菩薩の特徴である、絹の衣や宝冠、瓔珞《ようらく》を身につけます。通常は一面四臂で、吉祥果（ザクロ）、孔雀の尾羽、倶縁果《ぐえんか》（レモン）、開敷《かいふ》蓮華を携え、武器は持ちません。孔雀が尾羽を広げた光背です。

トリビア

手にした吉祥果、孔雀の尾羽、倶縁果、開敷蓮華は、それぞれ、調伏《ちょうぶく》、息災、増益《ぞうやく》、敬愛の象徴

明王にめずらしく
おだやかな
表情
羽を背負う姿は
タカラジェンヌのよう
豪華～
吉鳥の孔雀

大元帥明王

【たいげんすいみょうおう】

サンスクリット語　アータヴァカ
代表的な寺　奈良・秋篠寺
京都・醍醐寺
東京・護国寺

外敵を退散させるという国家機密の修法《しゅほう》の本尊

サンスクリット語名のアータヴァカは広野に住む者という意味があり、元来は広野にいる、人を喰う悪神でした。

この明王は疫病退散や鎮護国家に霊験があるとされます。朝廷では外敵調伏《ちょうぶく》や護国を願う「大元帥法《たいげんのほう》」という祈祷を行っていました。大元帥明王が平安時代に空海の弟子・常暁《じょうぎょう》により日本に持ち込まれて以来、明治の初めまで、大元帥法は年中行事でした。

仏像の面と手の数は、一面四臂、四面八臂など定まっていません。右手は人さし指と小指を立てて拳を握る、特殊な大怒印《だいど》を結びます。蛇が巻きついていたり、二匹の悪鬼を踏んでいたり、どくろの瓔珞《ようらく》をさげていたりと、明王のなかでは最も恐ろしいすがたをしています。

トリビア

大元帥法は、長い間、朝廷に関わる秘法扱いだったといわれている。修法では奈良・秋篠寺の井戸の水が使われる

黒色の体に
ヘビが
巻きついている
明王のなかでも
一番恐ろしいと
いわれる
鬼の姿
恐ろしや〜
さまざまな
武器を
持っていて
強そう！

烏枢沙摩明王

【うすさまみょうおう】

サンスクリット語　ウッチュシュマ
代表的な寺　奈良・宝山寺
富山・瑞龍寺
岐阜・来振寺

天台宗では五大明王の一尊に数えられることも

サンスクリット語のウッチュシュマを音写した明王で、この言葉はもともとインドの火の神・アグニを指します。「火頭《かず》金剛」や「不浄潔金剛」という別名もあり、不浄や悪を焼き尽くし、清浄なものに転換させるちからがあるといわれています。その霊験から、密教の修法《しゅほう》「烏枢沙摩法」を行うと、けがれが払えるとされてきました。

民間信仰では、便所の守護神として祀られています。老いても下の世話をしてもらわずに済む、という利益があるそうです。また、この明王は諸仏が悟りを開くときに邪魔する悪魔を追い払うため、力士になることを誓ったという話もあります。外見は、一面で忿怒相という以外は共通項があまりなく、手の数はさまざまで、持物も多様です。

トリビア

「烏枢沙摩変成男子法《へんじょうなんしほう》」とは、出産前の胎内の女児が男児となる秘法である

トイレの神様！
全部のけがれを流しちゃおう
片足を上げたポーズも多い
えーい
持ち物はさまざまです

天燈鬼・竜燈鬼

【てんとうき・りゅうとうき】

運慶の三男・康弁が残した、ユニークな彫像

奈良・興福寺にある天燈鬼・竜燈鬼像は、鎌倉彫刻の傑作といわ

れています。通常は四天王に踏みつけられている邪鬼が、独立して燈籠《とうろう》を捧げています。

左肩に燈籠をかついでいるのが天燈鬼で、全身は朱赤です。二本の角を生やし、三眼で、大きく口を開けています。

竜燈鬼は、頭上に燈籠をのせています。上半身には竜が巻きつき、上目づかいで、口を固く閉ざしています。かつては緑青でした。

このように、阿と吽《うん》、静と動、朱と青が、対照的に表現された作品です。

第五章
天

仏教では、須弥山《しゅみせん》を中心とした世界があると考えられています。宇宙は上層から下へ、無色界《むしきかい》、色《しき》界《かい》、欲界《よくかい》の三界《さんがい》で成り立っていて、それぞれの界はいくつもの天に分かれています。

天部の神々の住処はこの天です。たとえば忉利天《とうりてん》にある善見城《ぜんけんじょう》には帝釈天が、色界の最上天である色究竟天《しきくきょうてん》には大自在天《だいじざいてん》が住んでいます。

梵天

【ぼんてん】

サンスクリット語　ブラフマン
世界　須弥山の色界の初禅第三天である有頂天
代表的な寺　奈良・東大寺
奈良・唐招提寺
京都・東寺

釈迦に説法の旅を決意させたガチョウに乗る神

「梵天勧請《かんじょう》」は釈迦を語るうえではずせません。長い瞑想《めいそう》の末に悟りを開いた釈迦でしたが、その真理はあまりにも深遠で難解だったため、人々には理解されないと考え、教えを説くことを迷っていました。そこに梵天が現れ、世界を救うべく説法をするよう粘り強く説得します。釈迦は梵天の熱意に応えて、説法をすることを決心したのです。

すがたは密教が伝わる以前と以後では異なり、初期は一面二臂でしたが、四面四臂へと変化しました。一面二臂の時代は、中国風の衣裳をまとった立像が一般的です。払子《ほっす》や宝鏡などを持っています。四面四臂は四羽のガチョウが特徴で、その上の蓮台に座しています。条帛《じょうはく》、裙《くん》、装身具をつけ、手に蓮華、水瓶《すいびょう》などを握り、与願《よがん》印を結びます。

トリビア

梵天はもともと、ヒンドゥー教の創造神・ブラフマン。色界の初禅《しょぜん》天に住む。密教では十二天の一尊

顔は四面
腕は四本
帝釈天の
向かって右側に
いるよ
メルヘンチック
に
ガチョウに
乗ってます
ガァ
ガァ
ガチョウも
四羽

帝釈天

【たいしゃくてん】

サンスクリット語　インドラ

世界　須弥山の頂上で欲界第二天である忉利天の善見城（喜見城）

代表的な寺　奈良・法隆寺
奈良・秋篠寺
京都・三十三間堂

須弥山《しゅみせん》の頂上、欲界第二天の忉利天《とうりてん》にある善見城《ぜんけんじょう》の主

梵天と対で造像されることの多いのが、帝釈天です。こちらも密教が伝わる前と後ではすがたが変わり、以前のものは梵天とよく似ています。ただ、衣裳の下に鎧《よろい》をつけ、伐折羅《ばさら》（金剛杵）を持つという違いがあります。密教伝来以後は六牙の白象にまたがる一面二臂像です。鎧または羯磨衣《かつまえ》を着て持物は独鈷杵《とっこしょ》か伐折羅、腰に拳をあてています。

帝釈天はインドの神・インドラです。インドラは天空を神格化したもので、雨を降らす雷霆神《らいていしん》とされ、転じて戦闘の神となりました。阿修羅と戦って勝利し、阿修羅を仏教に帰依させたと伝えられています。

釈迦の誕生や出家の際に出現したとされ、仏伝図に梵天とともに描かれています。仏典中には、釈迦の成道《じょうどう》や教化《きょうけ》を支えた話もあります。

トリビア

釈迦が、忉利天にのぼった亡き母・摩耶夫人《まやぶにん》に説法をしたときに、帝釈天は宝蓋《ほうがい》を手に仕えたとされ、インドでは宝蓋を持つ像も多い

妻が50万人もいた！
仏界一の色男
よろいをつけているのは
戦闘的な
性質の表れ
白い象も似合ってるねェ
キリッとした
お顔立ち
パオ

四天王

【してんのう】

サンスクリット語　チャタスラ・マハー・ラージカー

世界　須弥山の欲界六天の第一界である四天王天

代表的な寺　奈良・東大寺
奈良・興福寺
奈良・唐招提寺

須弥壇のまわりに置かれ、須弥山世界を護る

四天王は、須弥山《しゅみせん》世界の守護神で、持国天、増長天、広目天、多聞天の四尊をいいます。須弥山のまわりには、北倶盧洲《ほっくるしゅう》、東勝神洲《とうしょうしんしゅう》、南瞻部洲《なんせんぶしゅう》、西牛貨洲《さいごけしゅう》がありますが、須弥山の中腹にある四天王天に住み、それぞれが四方四州を護る役割を担っています。帝釈天の配下でもあります。

インドでは仏伝図などに初期のころから登場しており、現在のような忿怒相ではなく、穏やかな菩薩に似たすがたをしていました。中国に伝えられ、甲冑を着けた武将形へと変わります。

日本には、仏教伝来とほぼ同じ時期に持ち込まれ、飛鳥時代から信仰されてきました。日本最古の歴史書『日本書紀』によれば、崇仏派

鎧を着て剣を持っている
持国天
強そう
邪鬼を足で踏む
ドリャー
ピエ
増長天
長い鉾を持ち
手を腰にあてて
忿怒の表情

の蘇我《そが》氏と排仏派の物部《もののべ》氏が争った際に、聖徳太子は蘇我氏の戦勝を四天王に祈願したと記されています。戦には勝利したため、大阪の四天王寺が建立されました。

持国天《じこくてん》——東方を護り、須弥壇の東南に安置されます。さまざまな持物がありますが、多いのは剣や鉾《ほこ》です。乾闥婆《けんだつば》と毘舎遮《びしゃしゃ》を眷属としています。

増長天《ぞうじょうてん》——南方を護っており、西南に安置されます。持物は棒、または長い戟《げき》や鉾などです。眷属は鳩槃荼《くばんだ》と薜茘多《へいれいた》です。

広目天《こうもくてん》——千里眼があるといわれています。西方を守護し、西北に置かれます。右手に筆、左手に経巻《けいかん》を持っているのが特徴ですが、戟などを取るものもいます。眷属として、諸竜王を従えます。

多聞天《たもんてん》——四天王のなかの最強神です。独立して祀られるときは毘沙門天といいます。北方を守護し、東北に置かれます。右手にのせた宝塔が目印で、左手には金剛棒や戟を握ります。眷属には、諸夜叉《やしゃ》がいます。

トリビア

楠木正成《くすのきまさしげ》の幼名「多聞丸」は、毘沙門天（多聞天）にあやかって名づけられた

かいこそう
目を細め口を結んだ
静かな表情
筆と巻き物を持つ
広目天
キュー
オリャー
宝塔と金剛棒を持つ
多聞天
邪鬼を踏み踏み
ギャ

毘沙門天

【びしゃもんてん】

サンスクリット語　ヴァイシュラヴァナ（クベーラ）
世界　須弥山の欲界六天の第一界である四天王天
眷属　諸夜叉
代表的な寺　奈良・法隆寺
京都・鞍馬寺
京都・東寺

七福神の一尊にもなった、武将に愛された戦いの神

四天王の一尊、多聞天の別名が毘沙門天です。ヒンドゥー教ではクベーラと呼ばれ、北方を護り、財宝や福徳を授ける神とされてきました。日本では平安時代の初期に信仰がはじまります。御所の守護のため、平安京の北に位置する鞍馬寺《くらまでら》に祀られていました。また、武将の間では、戦いの神として篤《あつ》く支持されます。上杉謙信が熱心な信者だったのは有名で、春日《かすが》山城に毘沙門堂を造り、戦旗に「毘」の字を入れました。のちに自分は生まれ変わりだと信じるようになったそうです。庶民に広まると福徳の神となり、功徳は変化していきました。

すがたは甲冑をつけた中国の武人ですが、兜はかぶりません。主な持物は宝塔や戟《げき》です。

トリビア

天邪鬼《あまのじゃく》は煩悩の象徴だが、もともとは水神の名前であり、毘沙門天のベルトについている鬼の顔が原形

多聞天の別名です
フムフム
七福神にも入ってる人気者!!

吉祥天

【きちじょうてん】

サンスクリット語　シュリー・マハー・デーヴィー

代表的な寺　奈良・法隆寺
京都・鞍馬寺
京都・浄瑠璃寺

鬼子母神を母にもつ、僧も恋した美しい天女

美しい女神の代表である吉祥天とは、インドの美と幸福の神・ラクシュミーのことです。五穀豊穣・国家安泰の功徳があるとされます。

吉祥天信仰は奈良時代から盛んになりました。美人の代名詞ともいわれ、『日本霊異記《りょういき》』には吉祥天に恋した僧の話が収められています。

奈良時代後半から平安時代には、「吉祥悔過会《けかえ》」という儀式が朝廷行事として行われています。吉祥天を本尊に、罪を懺悔《さんげ》し、鎮護国家や福徳を祈願する法会《ほうえ》です。しかし、室町時代以降は、日本古来の神と習合した弁才天に人気を奪われました。

像の容貌は、唐代の美しい貴婦人。左手にのせた丸い宝珠が特徴です。右手は与願印《よがんいん》または施無畏印《せむいいん》を結びます。

トリビア

ラクシュミーはヴィシュヌ神の妃だが、仏教に吸収され、吉祥天は毘沙門天の妻または妹とされた。愛欲神・カーマの母でもある

ゴージャスな
天女の姿
中国の
女性貴族の
ファッションを
元にしている
セレブですもの～
手には
宝珠

弁才天

【べんざいてん】

サンスクリット語　サラスヴァティー

代表的な寺　奈良・東大寺
滋賀・宝厳寺
広島・大願寺

琵琶を奏でる像でも知られた芸術・音楽の神

弁才天は、インドの聖典に登場する、河を神格化したサラスヴァティーが起源です。初めは、土地に豊穣をもたらす河川の神として崇拝されていましたが、音楽の神に発展し、さらに弁舌の神と融合して学問の神となりました。日本には吉祥天とともに伝えられ、水の神という性質から全国の島や水辺に弁天堂が造られました。民間に浸透するにつれ財福や開運神という側面が注目され、七福神の一尊となります。

信仰されはじめた奈良時代の作例は一面八臂が主です。唐代の貴婦人の衣裳を着た美女が八本の手に武器を持つという外見は、意外性があります。鎌倉時代以降は、蛇神であり穀物の神である宇賀神《うがじん》を頭上にいただき、十五童子をともなう宇賀弁才天も現れました。

トリビア

弁才天は非常に嫉妬深いので、カップルでお参りに行くとその仲を引き裂くそうである

大人気の神様！
七福神にも
登場するヨ
日本の信仰と
まざったため
頭上に鳥居を
のせて
ます
人頭蛇身の
宇賀神を
伴う姿も
あります

大黒天

【だいこくてん】

サンスクリット語　マハー・カーラ
代表的な寺　奈良・興福寺
滋賀・延暦寺
福岡・観世音寺

手にした打ち出の小づちは福の象徴

サンスクリット語のマハー・カーラは、ヒンドゥー教のシヴァ神の別名で、戦闘の神です。仏教では大自在天の化身とされます。密教の説話には、大日如来がシヴァ神にダーキニーという鬼神の退治を命じたとき、シヴァが大黒天に変身したとあります。中国では厨房の神であるため、日本に伝えた最澄は、延暦寺の台所に祀りました。

一説によると、「だいこく」という音から、神話「因幡《いなば》の白兎《しろうさぎ》」に登場する大国主命《おおくにぬしのみこと》といつしか同一視されるようになり、財福や農耕の神として庶民に親しまれていきました。現在は七福神の一尊です。

インドでは三面六臂の恐ろしいすがたをした大黒天ですが、日本では一転、大きな福袋をかついだ微笑の像が主流になっています。

トリビア

密教の曼荼羅《まんだら》においては、顔が三面、腕が六本、剣を握って人とうさぎをつかみ、どくろの首飾りをした、忿怒の形相で表される

頭にかぶるのは
大黒頭巾
福袋
打ち出の
小づちを
持ちます
サンタじゃ
ありません
袋につまった
福を配って
くれるヨ!!
商売繁盛の
ご利益あり

鬼子母神（訶梨帝母）

【きしもじん（かりていも）】

サンスクリット語　ハーリティ
代表的な寺　滋賀・三井寺
東京・真源寺
東京・法明寺

安産や子育て、豊穣の神として篤《あつ》く信仰される元鬼神

鬼子母神は、サンスクリット語名のハーリティを音写して訶梨帝母とも呼びます。もとは、ガンダーラ国のパーンチカ（般闍迦夜叉《はんじゃかやしゃ》）という鬼神の妻でした。夫妻には五百人※の子がいたそうです。鬼子母神は他人の子を奪ってきては食べるという悪行を繰り返していました。困った人々が釈迦に窮状を訴えたところ、釈迦は末っ子を隠してしまいます。鬼子母神は狂ったように捜しましたが見つかりません。悲嘆に暮れていると釈迦が現れ、「五百人のなかのひとりを失っただけで苦しいのだから、食べられた子の親はどれほど悲しかったか」と諭し、子を返しました。その後、鬼子母神は仏教に帰依し、善神となったのです。いまは子を護る神として、子どもに囲まれた天女で表されます。

※千人、一万人という説もあり

トリビア

右手に持った吉祥果（ザクロ）は、人肉に味が似ているので代わりに食べるようにと、釈迦が渡したといわれる。豊穣や多産のシンボル

安産・子育ての
祈願にぜひ
恐ろしい
エピソードから
一転
優しい母の姿
泣けます…
バブー
ザクロを持つ

仁王（金剛力士）

【におう（こんごうりきし）】

サンスクリット語　ヴァジュラ・パーニ
代表的な寺　奈良・東大寺
奈良・興福寺
奈良・法隆寺

山門の左右から威圧し、寺を守護する

寺院の大門に立ち、伽藍《がらん》を護る仁王は、庶民にとって身近な存在です。仁王像は共通して一面二臂の忿怒相。上半身は裸で筋骨隆々、下半身は裳《も》をたくし上げています。金剛杵が代表的な持物です。

もともとは、執金剛神《しゅこんごうしん》という、釈迦を守護する独尊でしたが、しだいに二体一対で安置されるようになりました。基本は、口を開いた阿《あ》形《ぎょう》が向かって右（東）、口を結んだ吽形《うんぎょう》が左（西）です。阿形を金剛や金剛力士、吽形を力士や密迹《みっしゃく》力士と呼ぶこともあります。

また、お経にある、千二人の王子の話に登場しています。千二人の王子のなかから千人が仏となったとき、法意という王子は執金剛神に、法念は梵天になり、仏になった兄弟を護ることを誓ったそうです。

トリビア

夏目漱石の書いた『夢十夜』には、護国寺の山門で運慶が仁王像を彫る話が登場する

門を守る The 門番ズ

阿
ムキムキ
大きく「あ」の口を開ける阿形
吽
口をギュッと結ぶ吽形
この2人がいれば
セキュリティはばっちりです

歓喜天（聖天）

【かんぎてん（しょうてん）】

サンスクリット語　マハー・アールヤ・ナンディケーシュヴァラ

代表的な寺　神奈川・宝戒寺
埼玉・歓喜院
東京・本龍院

弟は韋駄天、妹は技芸天という象の神

歓喜天は、頭が象、身体は人という風変わりなすがたです。一身像と双身像がありますが、二体が抱き合っている像が日本では主流。ヒンドゥー教の最高神・シヴァとその妃パールヴァティーの子であるガネーシャと同体といわれています。この二尊は男天と女天です。

男天はガネーシャの前身で、障難をもたらす魔王・ヴィナーヤカ（毘那夜迦《びなやか》）。男天が女天に体を求めたところ、女天は実は十一面観音の化身で、仏教に帰依したらという条件を出しました。結果、男天は仏法を護る善神になったそうです。女天が男天の足を踏んでいるのは、男天をいさめているからだそう。ガネーシャは本来、除難・福徳の神ですが、抱擁する歓喜天は夫婦和合や子宝の利益があるとされます。

トリビア

「歓喜天供《かんぎてんぐ》（聖天供《しょうてんぐ》）」という修法《しゅほう》を行うときは、油や酒、香水などで小型の銅製の像を灌浴《かんよく》する

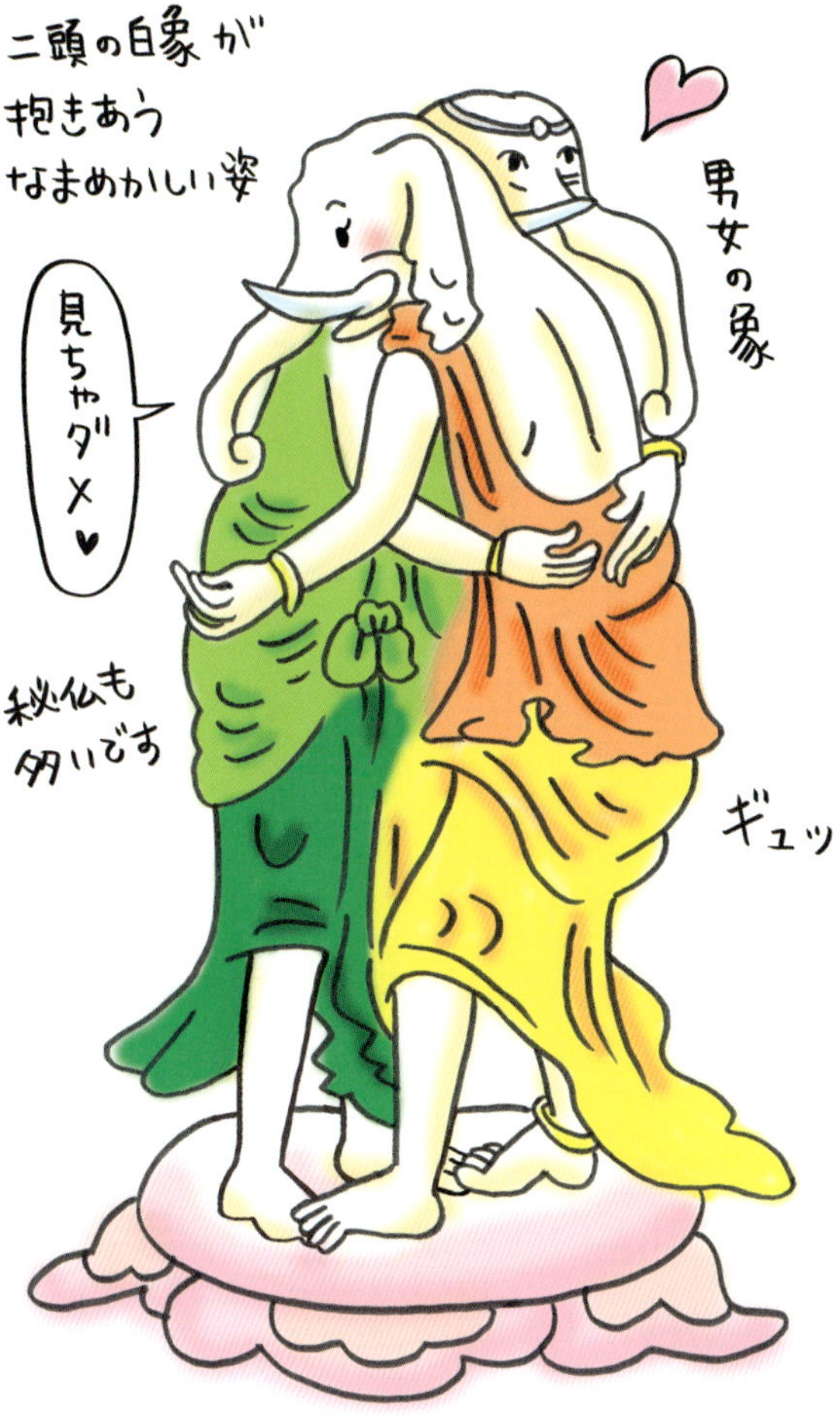
二頭の白象が
抱きあう
なまめかしい姿
男女の象
見ちゃダメ♥
秘仏も多いです
ギュッ

閻魔（焔摩天）

【えんま（えんまてん）】

人《にん》頭《ず》幢《どう》で死者の生前の行いを裁く奈落の主

閻魔はサンスクリット語でヤマといいます。聖典ヴェーダによると、かつて人間は罪を犯すことなく、永遠の命をもっていました。しかし、罪業を重ねるようになり、寿命に限りが出てきて、最初の死者がヤマとなったのです。神話では死後も天上に住むとされましたが、民間に広まるうちに、冥《めい》界を支配する死者を裁く王となり、住処も下界に変わりました。仏教に吸収されると、焔摩天と呼ばれるようになります。

一般には道服を着て右手に笏《しゃく》を持った、宋代の裁判官のすがたですが、曼《まん》荼《だ》羅《ら》では横たわる水牛に乗り、人頭幢という杖をかざします。

中国では「十王信仰」があり、死後の世界には閻魔王を中心に十人の王がいて、それぞれが罪状の審判をすると考えられています。

サンスクリット語　ヤマ

眷属　太山府君、荼吉尼、遮文荼、五道大神、司命・司録、倶生神

代表的な寺　奈良・白毫寺　神奈川・円応寺　京都・引接寺

トリビア

閻魔王庁には浄《じょう》玻《は》璃鏡《りのかがみ》があり、死者の生前の行いを映し出す

コワ〜〜イえんま大王は
中国の裁判官の格好

まっ赤な顔
両眼をカッと開き
悪事を見通す

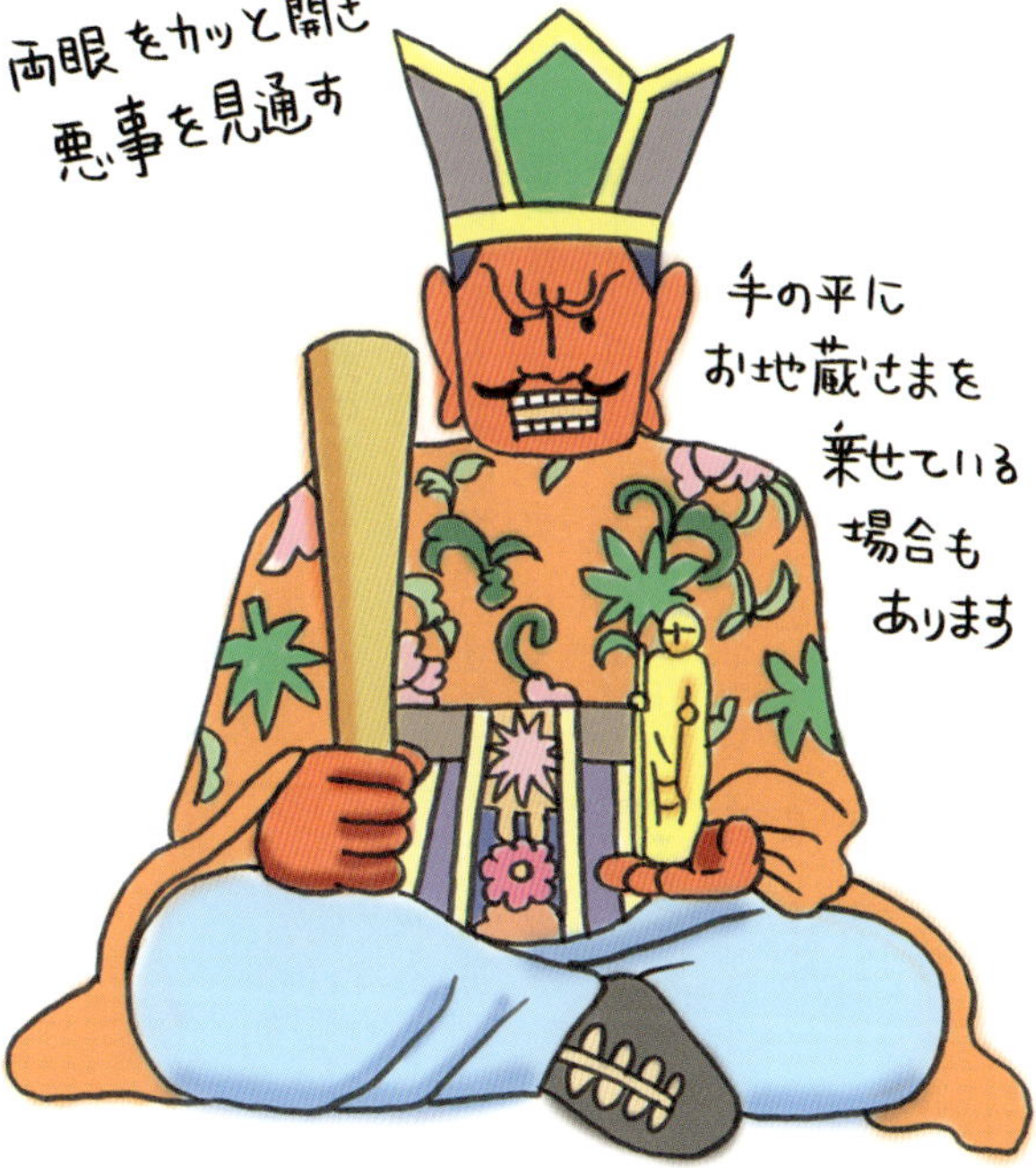

手の平に
お地蔵さまを
乗せている
場合も
あります

地獄で待ってマス by えんま　　いやだな〜っ

摩利支天

【まりしてん】

サンスクリット語　マリーチ
代表的な寺　東京・徳大寺
京都・建仁寺
石川・宝泉寺

中世以降、武士の間で人気の武芸の神に

摩利支天は、陽炎《かげろう》を神格化した女神・マリーチのことです。帝釈天と阿修羅が戦をしたときに、摩利支天は太陽や月の光を遮断して、帝釈天側に味方したという神話が残されています。梵天の子という説もあり、インドでは除災増益の神として、広く信仰されています。

陽炎のように身を隠せるという特性のため、他人からは見えずに傷つけられることがなく、自分のほうは見えているのであらゆる対処ができる、という霊験があるといわれます。このことから、日本では武芸の神となり、護身・勝利・財福を祈願する「摩利支天法」の本尊とされてきました。仏のすがたは、一面二臂の天女形と、三面六臂または八臂で猪の上に立つものがあります。

トリビア

天女の像の場合、隠すことの象徴である天扇をかざす

勇ましく元気な
少年の姿
ヘーイ
アニメのキャラみたい！
走る猪に
乗ってるヨ
フガ
フガ

荼吉尼天

【だきにてん】

サンスクリット語　ダーキニー
代表的な寺　千葉・出世稲荷
愛知・豊川稲荷
岡山・最上稲荷
京都・伏見稲荷

インドの食人鬼が、日本では白いキツネに乗る天女

荼吉尼天の名はサンスクリット語名・ダーキニーの音写です。ダーキニーはかつて、人間の心臓や肉を食べる夜叉《やしゃ》でしたが、大黒天に戒められ、善神となりました。人の死をその六カ月前に察知できる神通力を得て、死を待ったあとに食すことが許されたそうです。日本では、荼吉尼天が狐の精であるという俗信が生まれ、狐を使いとする日本古来の「稲荷《いなり》」と習合しました。農耕を司る稲荷神として信仰されるうち、商売繁盛や交通安全など福徳を授ける神へ変化していきました。

インドでは人の手足を喰らうおぞましい裸体の女鬼で表されますが、日本の荼吉尼天は白いキツネにまたがる天女です。三面の像もありますが基本は一面二臂で、左手に宝珠、右手に宝剣を携えています。

トリビア

インドの神話では、シヴァ神の妻であるカーリー女神（パールヴァティーの忿怒相）の侍女である

お稲荷さまと
合体した
ことから
狐に乗っている
神仏
合体型☆
宝珠
コンコン

韋駄天

【いだてん】

サンスクリット語　スカンダ
代表的な寺　岐阜・乙津寺
京都・萬福寺
京都・泉涌寺

「韋駄天走り」で有名な、足の速い僧坊の護り神

韋駄天といえば、俊足の代名詞です。その由来となった逸話とは、釈迦が入滅し、遺骸を荼毘《だび》に付したとき、捷疾鬼《しょうしつき》という羅刹《らせつ》が釈迦の歯（牙舎利《げしゃり》）を盗んで逃げました。聖人の舎利（遺骨）を供養すると、福徳が得られると信じられているからです。韋駄天は須弥山《しゅみせん》の頂上まで追いかけて取り返したため、その足の速さが有名になりました。

戦いに強い善神といわれており、寺院の守護神として伽藍《がらん》などに安置されます。一方、禅宗の寺では、厨房や食堂《じきどう》に祀られるのが一般的です。これは食べ物に不自由しなくなると考えられているためです。

また、増長天に従う八将のひとりにも数えられています。

像は中国風の甲冑を着た武人で、合掌をした上に宝剣を横たえます。

トリビア

ヒンドゥー教のシヴァ神と妃パールヴァティーの子どもで、ガネーシャの弟。アグニ神の子という説もある

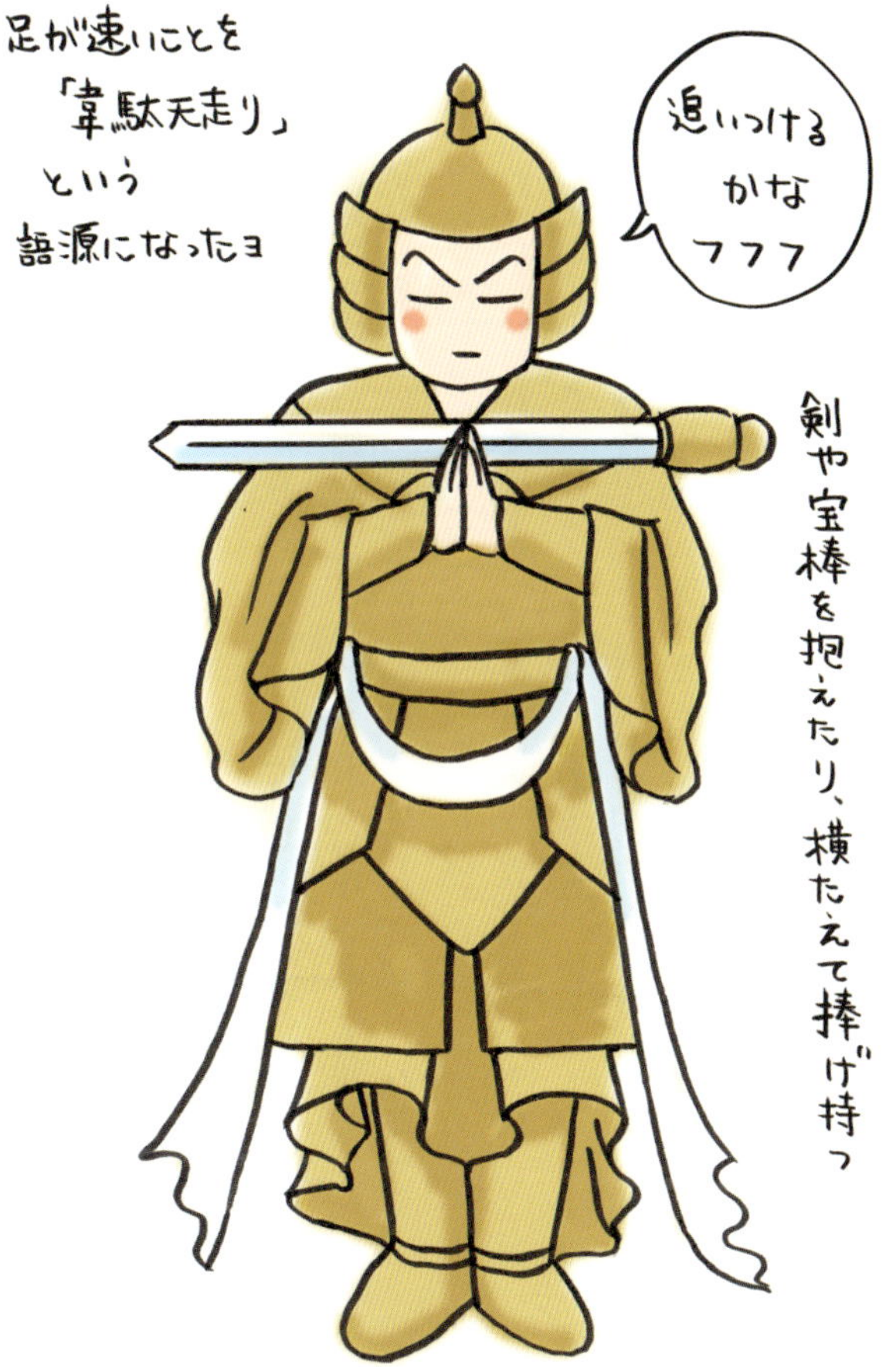
足が速いことを
「韋駄天走り」
という
語源になったヨ
追いつける
かな
フフフ
剣や宝棒を抱えたり、横たえて捧げ持つ

深沙大将

【じんじゃだいしょう】

代表的な寺
京都・金剛院
岐阜・横蔵寺
福井・明通寺

『大般若経《だいはんにゃきょう》』の守護神として十六善神図にも描かれる

『西遊記《さいゆう》』でおなじみの三蔵法師《さんぞう》は、玄奘三蔵《げんじょう》という実在した唐の僧がモデルです。その玄奘三蔵が仏典を求めてインドを旅していたところ、砂漠で行き倒れてしまったそうです。そこに現れたのが深沙大将で、彼を助けたといわれています。日本には平安時代初期に、唐代の中国から、密教の僧・常暁《じょうぎょう》によってもたらされました。災いをしりぞけ、益を授けるという功徳があるとされています。

見た目は、異様な半裸の鬼です。どくろの瓔珞《ようらく》を首からさげ、左手には蛇を巻きつけ、ひざ頭に象の頭がついた袴を身につけています。さらに、腹部には童子の顔が浮かんで見えます。両手で鉢を持っていたり、蛇や戟《げき》を握っていたりもします。

トリビア

起源となった神については諸説あり、多聞天や観音菩薩、伎芸天の化身であるともいわれている

変わってるって言われマス
なんとも奇妙ないでたち・・・・
おなかには子供の顔
どくろの首かざり
カッパの元になったという説もあり
袴の膝に象がついている

八部衆

【はちぶしゅう】

代表的な寺
奈良・興福寺
京都・三十三間堂
京都・清水寺

インドの悪鬼が改心し、釈迦の家来に

八部衆とは、釈迦の眷属です。古代インドの悪神・鬼が釈迦に教化《きょうけ》されて仏教に帰依し、仏法を護る善神となりました。

天《てん》――天部全体を指します。仏教に取り入れられたインドの神の総称です。

龍《りゅう》――蛇が神格化したもので、雨を降らせるちからをもちます。釈迦の誕生や、修行中、説法時など、さまざまな場面で登場しています。

夜叉《やしゃ》――鬼神の総称で仏法を守護しています。代表的なのは薬師如来の眷属である十二神将です。夜叉は毘沙門天の眷属ともされています。

乾闥婆《けんだつば》――仏教では帝釈天の眷属で、音楽を演奏する楽神。密教においては、胎児や幼児の守護神とされます。獅子の冠をかぶり、鎧《よろい》を着

トリビア

龍は、経典に記されている「八大龍王」が有名。迦楼羅は文殊菩薩の化身ともいわれる

華奢な体でも
戦の神様
ケンカっ早いよ!
阿修羅
表情も
クルクル
変わる

クエー
龍を食べた
金色の鳥
迦楼羅
鳥の顔でキャラが立ってマス

け、宝珠と三叉戟《さんさげき》を持つのが特徴です。酒や肉は摂らず、香《こう》ばかり食べます。

阿修羅《あしゅら》――帝釈天と戦う悪神でしたが、釈迦の説法を聞いて仏教に帰依しました。いまは修羅界にいて、戦闘の神です。外見は、三面六臂が多く、菩薩形をしています。

迦楼羅《かるら》――インドの神話に登場する金翅鳥《こんじちょう》と同一視されています。ヴィシュヌ神の乗り物で、龍（毒蛇）を食べるそうです。密教では、梵天の化身とも文殊菩薩の化身ともい

われています。

すがたは、鳥頭人身の二臂または四臂、あるいは翼をもった半鳥半人の二臂です。手と足で、蛇をおさえつけています。

緊那羅《きんなら》——「人か人ではないか」という意味があり、半獣半人です。帝釈天の家来で、楽器を奏でて歌をうたう音楽神です。

摩睺羅伽《まごらか》——大蛇の意味をもちます。楽師で帝釈天に仕えており、蛇首人身ともいわれています。

十二神将【じゅうにしんしょう】

薬師の本願功徳に感動し信仰者の救済を誓う

薬師如来の眷属で、十二薬《やく》叉《しゃ》大将ともいい、各神将が七千ずつの薬叉を率いて、如来に仕えています。一説には、十二の大願《たいがん》を象徴しています。

頭上に十二支の動物をつけた作例が、中国では唐の時代、日本では鎌倉時代に普及しましたが、もともと十二支とは関連がありませんでした。

鎧《よろい》を着た忿怒相の武将が、剣や戟《げき》などの武器を持った姿で表されます。

珊底羅
因達羅
波夷羅
安底羅
頞儞羅
宮毘羅
伐折羅
迷企羅

十二天

【じゅうにてん】

帝釈天や毘沙門天など独尊で祀られるものも

古代インドの聖典ヴェーダに登場していた神々が仏教に取り入れられ、十二天となりました。

中国では唐代に成立し、日本には平安時代前期に持ち込まれたそうです。

東西南北などの八方位に、天・地と、さらに昼・夜が加わって、十二天のかたちができあがりました。

密教では曼荼羅《まんだら》に描かれ、主要な地位を占めています。

北
毘沙門天
西北
風天
西
水天
天
梵天
北東
伊舎那天
月
月天
日
日天
地
地天

第六章

垂迹

日本に昔から存在した神と仏教の仏が習合し、いくつもの神が生まれました。しだいに、日本の神は仏が仮のすがたとなって現れたものだと考える本地垂迹《ほんじすいじゃく》思想へと発展します。この思想に基づいた神号が権現《ごんげん》です。

蔵王権現をはじめ、山王《さんのう》、熊野、金毘羅《こんぴら》、春日《かすが》など、各地で権現信仰が盛んとなりました。権現の多くは、山岳の神です。

僧形八幡神（八幡大菩薩）

【そうぎょうはちまんしん（はちまんだいぼさつ）】

代表的な寺
奈良・東大寺
奈良・薬師寺
京都・東寺

仏教の菩薩号を与えられた僧形の神

日本古来の神である八幡神は、早くから仏教と習合しました。八幡宮の総本宮は、大分県宇佐市の宇佐神宮です。奈良時代に東大寺の大仏が建造される際には、八幡神が造営に協力するとの託宣を下したと、宇佐神宮から朝廷に伝えられました。その後、朝廷は菩薩の号を贈り、八幡神は鎮護国家の功徳がある「八幡大菩薩」となったのです。

平安時代には、石清水《いわしみず》八幡宮が京都の裏鬼門に位置することもあり、皇室や公家からの篤《あつ》い信仰を集めました。のちに源氏をはじめ全国の武士らが、八幡神を武運の神として崇めています。平安時代初期からは神仏習合のもと、「僧形八幡神」の像が作られはじめました。僧形は剃髪《ていはつ》姿で錫杖《しゃくじょう》と数珠を持ち、日輪形の頭光を背負っています。

トリビア

東大寺近くに建立された手向山《たむけやま》八幡宮は、八幡宮初の分社。また、源頼朝が鎌倉幕府を開いたとき、源氏の氏神としたのが鶴岡八幡宮

修行中の
僧侶の姿……
こう見えて
実は 神様 です!
神様ですヨ

蔵王権現

【ざおうごんげん】

代表的な寺
奈良・金峯山寺
奈良・如意輪寺
鳥取・三佛寺

インドに起源をもたない日本の仏

仏教の仏が人々を救済するため、日本の神として現れたときの仮のすがたを「権現」といいます。つまり習合した神仏の神号が権現です。蔵王権現は修験道《しゅげんどう》の本尊で、役小角《えんのおづぬ》が奈良・吉野の金峯山《きんぷせん》で行っていた一千日修行で衆生《しゅじょう》を救う仏の出現を祈ったときに、感得したと伝えられています。一説には、はじめ釈迦如来が現れましたが、乱れた世には優しすぎると訴えたところ、次に千手観音、そして弥勒菩薩が出現。それでも納得しないでいると、最後に忿怒相の蔵王権現が登場したそうです。外見は明王と類似しており、一面三眼※二臂の忿怒形で青黒い身体です。右手と右足を上げているのが特徴で、金剛杵を持つ場合もあります。左手は刀印または剣印を結び、腰に当てています。

※二眼もある

トリビア

蔵王権現は、過去世の釈迦如来、現世の千手観音、来世の弥勒菩薩の徳をあわせもった神で、三世にわたって救済するといわれる

オス！
山から
おどり出てきた
躍動的な
ポーズ
右足は高々とあげる
左足で
石を
踏みつける
ヒヨイ

青面金剛

【しょうめんこんごう】

代表的な寺

奈良・東大寺
東京・深大寺
京都・八坂庚申堂

江戸時代、流行になった庚申講《こうしんこう》の本尊

青面金剛は中国の道教が基礎となった庚申信仰の本尊です。庚申信仰では、人の身体には三匹の虫「三尸《さんし》」がいて、庚申の日の夜には人が寝ている間に抜け出し、天帝に宿主の罪科を報告すると考えられています。悪行が伝わると寿命を短くされてしまうため、皆で集まって徹夜する「庚申待ち」という風習が生まれました。この会合を「庚申講」と呼びます。庚申講は平安時代から貴族に広まり、やがて民間でも盛んとなり、夜通しの酒宴へと変化していきました。仏教では、青面金剛は帝釈天の使者で、悪霊を払い除く力があるとされています。『陀羅尼集経《だらにじっきょう》』によると、青色の身体で忿怒の顔には三眼、四本の手に武器を持ち、頭上にはどくろをのせ、蛇が身体中に巻きつきます。

トリビア

庚申とは干支の一つ。干支は十干に十二支を組み合わせた六十通りあるので、六十日に一度は庚申の日となる

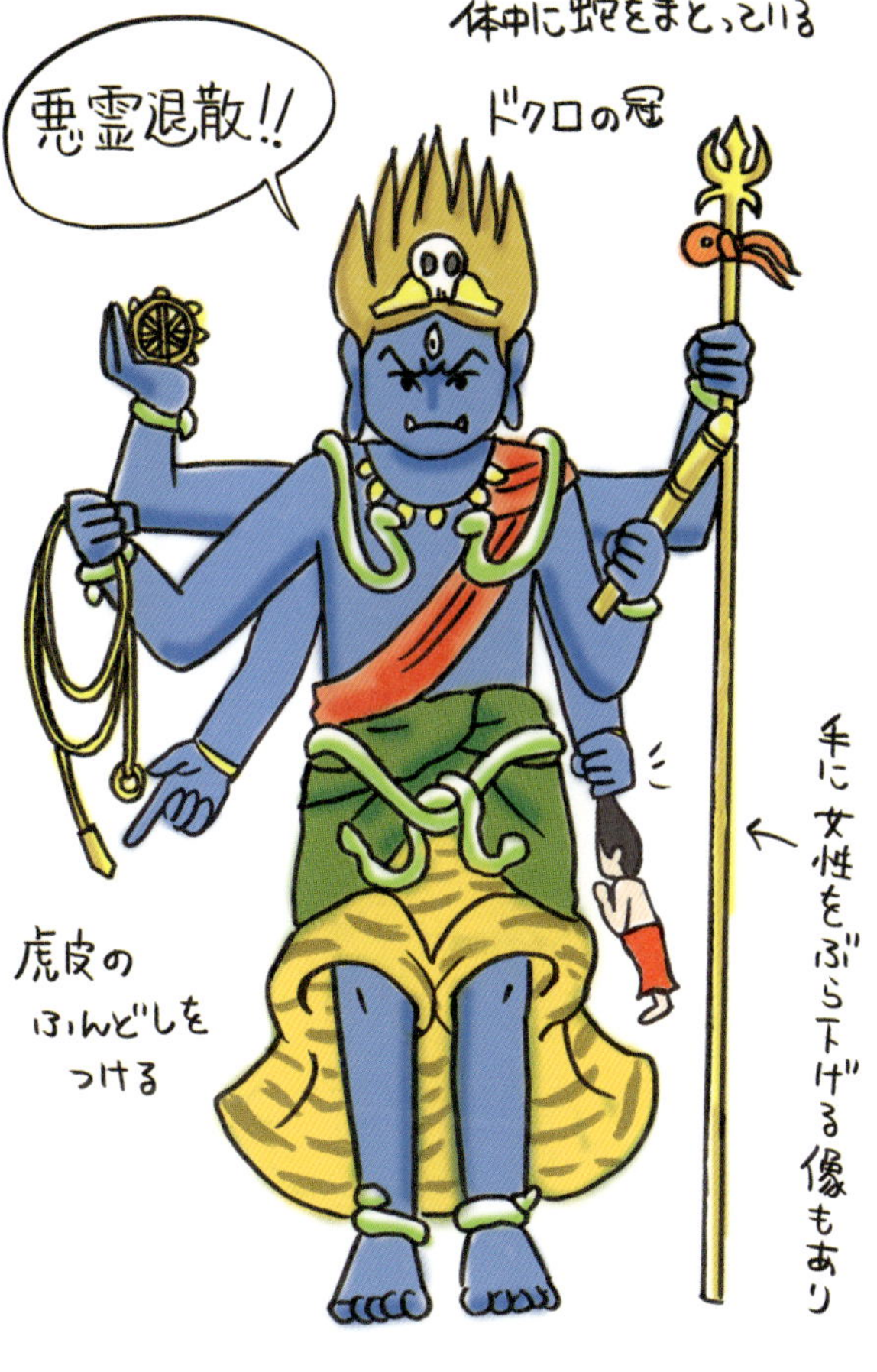
悪霊退散!!
体中に蛇をまとっている
ドクロの冠
手に女性をぶら下げる像もあり
虎皮のふんどしをつける

三宝荒神

【さんぼうこうじん】

代表的な寺

兵庫・清澄寺
京都・護浄院
奈良・小房観音寺

修行中の開成皇子《かいじょうおうじ》の前に現れた神

三宝とは、仏・法・僧のことで、仏教における重要な要素をいいます。この三宝を守護するのが三宝荒神です。陰陽道《おんみょうどう》と仏教の民間信仰が習合して生まれました。役小角《えんのおづぬ》が感得したと伝承されており、修験《しゅげん》道《どう》で祀られています。この神は荒ぶる性格のため、粗末に扱われたり、畏敬の念が足りないとたたるそうで、反面、霊験が強いとされています。江戸時代以降は、不浄を嫌うことから、火を燃やす清浄なかまどの神になりました。転じて火の神、そして炊事を司るので食物の神・農耕の神に、また、家庭や牛馬の守り神としても信仰されています。

すがたは八面六臂または八臂の忿怒相が一般的ですが、柔和な如来荒神や、神将形の子島荒神もあります。

トリビア

歓喜天や文殊菩薩、不動明王と同体という説もあり、金剛薩埵《さった》の化身ともいわれている

コワく見えるけど
かまどの神様
台所の火の番をしてくれてます

七福神

【しちふくじん】

代表的な寺　京都・泉涌寺〈恵比寿〉兵庫・西宮神社〈布袋〉京都・萬福寺

現在でも七福神めぐりは正月の定番

七福神とは、恵比寿、大黒天、毘沙門天、弁才天、福禄寿、寿老人、布袋です。室町時代に広まり、江戸時代に信仰が盛り上がりました。一月二日の夜に、宝船に乗った七福神の絵を枕の下に敷いて寝ると縁起がよいといわれます。

初期は七尊が統一しておらず、吉祥天も一員でした。

恵比寿《えびす》——漁業の神で商売繁盛や開運を司ります。狩衣《かりぎぬ》、指貫《さしぬき》、風折《かざおり》烏帽子《えぼし》を身につけ、右肩には釣竿、左脇に鯛を抱えます。「えびす顔」と呼ばれる笑顔がトレードマークです。

大黒天《だいこくてん》——商売繁盛の神です。左肩に大きな福袋をかつぎ、右手には打ち出の小づちを持ち、米俵を踏んでいます。

ビールの
マークで
有名な
恵比寿

人気者の
毘沙門天

大黒天

毘沙門天《びしゃもんてん》――福徳の神です。災いから身を護ってくれるといわれています。

弁才天《べんざいてん》――財富神で、「弁財天」という俗称が一般化しています。弁舌、学問、音楽に対して功徳があります。すがたは貴婦人の衣裳を着た美女で、宝冠をかぶり胸飾《むなかざり》をつけています。

福禄寿《ふくろくじゅ》――幸福、封禄（財産）、長寿の三徳をかたちにした神です。中国の道教の道士が起源といわれており、南極星の化身という説もあります。短身で長い頭、長いひげで、経巻《けいかん》を結んだ杖を持ち、鶴をともないます。

寿老人《じゅろうじん》――長寿の神です。頭巾をかぶった老人で表されます。団扇《うちわ》を持ち、杖を携えます。福禄寿と同体とされることもあります。

布袋《ほてい》――堪忍と和合を教える神といわれています。中国・後梁《こうりょう》の時代の、契此《かいし》という僧がモデルだという説が有力です。額がせまく太鼓腹で、杖または団扇を持ちます。そして、シンボルである布袋をさげています。

トリビア

恵比寿は、伊弉諾《いざなぎ》と伊弉冉《いざなみ》の最初の子・蛭子神《ひるこのかみ》という説や、大国主神《おおくにぬしのかみ》の息子・事代主神《ことしろぬしのかみ》という説がある

福禄寿
ツル
経巻

弁才天
楽器を持つ

布袋

寿老人
福禄寿と
まちがわれ
やすい

第七章

羅漢・祖師

羅漢とは、悟りを開いた修行者という意味です。羅漢には釈迦の十大弟子や、釈迦からこの世にとどまり仏法を護るように命じられた十六羅漢、釈迦の入滅後に行われた第一結集《けつじゅう》（経典の編集会議）で集まった五百羅漢などが含まれます。

また、インドや中国、日本で宗派を開いた祖師や高僧も、信仰の対象になっています。

十大弟子【じゅうだいでし】

釈迦の弟子のなかの主要な十人。十人一組で描かれる

多くの釈迦の弟子のなかでとくに優秀な十人を十大弟子といいます。
舎利弗《しゃりほつ》――バラモン出身で、弟子になる前から学徳に優れており、自らに弟子もいました。経典では、釈迦の説法の相手をしています。
摩訶目犍連《まかもっけんれん》――バラモンの家に生まれ、舎利弗とは旧知の仲。餓鬼道に落ちた母を救うために行った供養が「盂蘭盆会《うらぼんえ》」の起源とされます。

代表的な寺
奈良・興福寺
京都・大報恩寺
京都・清涼寺

大迦葉《だいかしょう》（摩訶迦葉《まかかしょう》）――苦行に耐え、よく修行の規律（頭陀《ずだ》）を守ったといわれ、厳格な性格です。弟子たちの中心的存在で、釈迦の死後行われた経典の編集会議（第一結集《けつじゅう》という）では、代表を務めました。

須菩提《しゅぼだい》――長者の子として生まれました。仏教の思想「空」に精通しており、空を説く大乗経典によく登場します。

富楼那弥多羅尼子《ふるなみたらにし》――外道《げどう》で出家していましたが、釈迦が悟りを開いたと知り、弟子に。外国での布教を目指し、広く説いてまわりました。

摩訶迦旃延《まかかせんねん》――バラモン出身で、釈迦

が誕生する際に、仏陀になることを予言したアシタ仙人の弟子でした。アシタ仙人の命により、釈迦の弟子となり、受戒を許されます。論議に秀でていました。

阿那律《あなりつ》――釈迦族の出身。学問を修業したのちに出家しました。釈迦の説法中に居眠りしてしまったため反省から眠らぬ誓いを立て、失明してしまいます。しかし、真理を見通す眼（天眼）を得ました。

優婆離《うばり》――理髪師でしたが、出家し、釈迦の弟子となりました。最も戒律を守ったといわれています。第一結集では、彼の記憶を元に律（教団の

論議第一
迦旃延

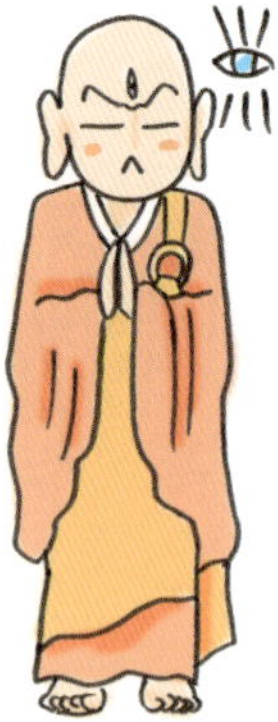

天眼第一
阿那律

規律）が定められました。
羅睺羅《らごら》――釈迦とその妃との間に生まれた実子。釈迦の成道《じょうどう》後に出家しました。厳しく戒律を守ったそうで、十六羅漢の一人でもあります。
阿難陀《あなんだ》――釈迦の従兄弟《いとこ》。常に釈迦に従い、その教えをよく聞き、覚えていました。経典は、彼の記憶を頼りに編纂《へんさん》されています。

トリビア

舎利弗と目犍連は、釈迦に先立ち亡くなり、大迦葉は釈迦の臨終に間に合わなかったので、「涅槃《ねはん》図」にこの三名は登場しない

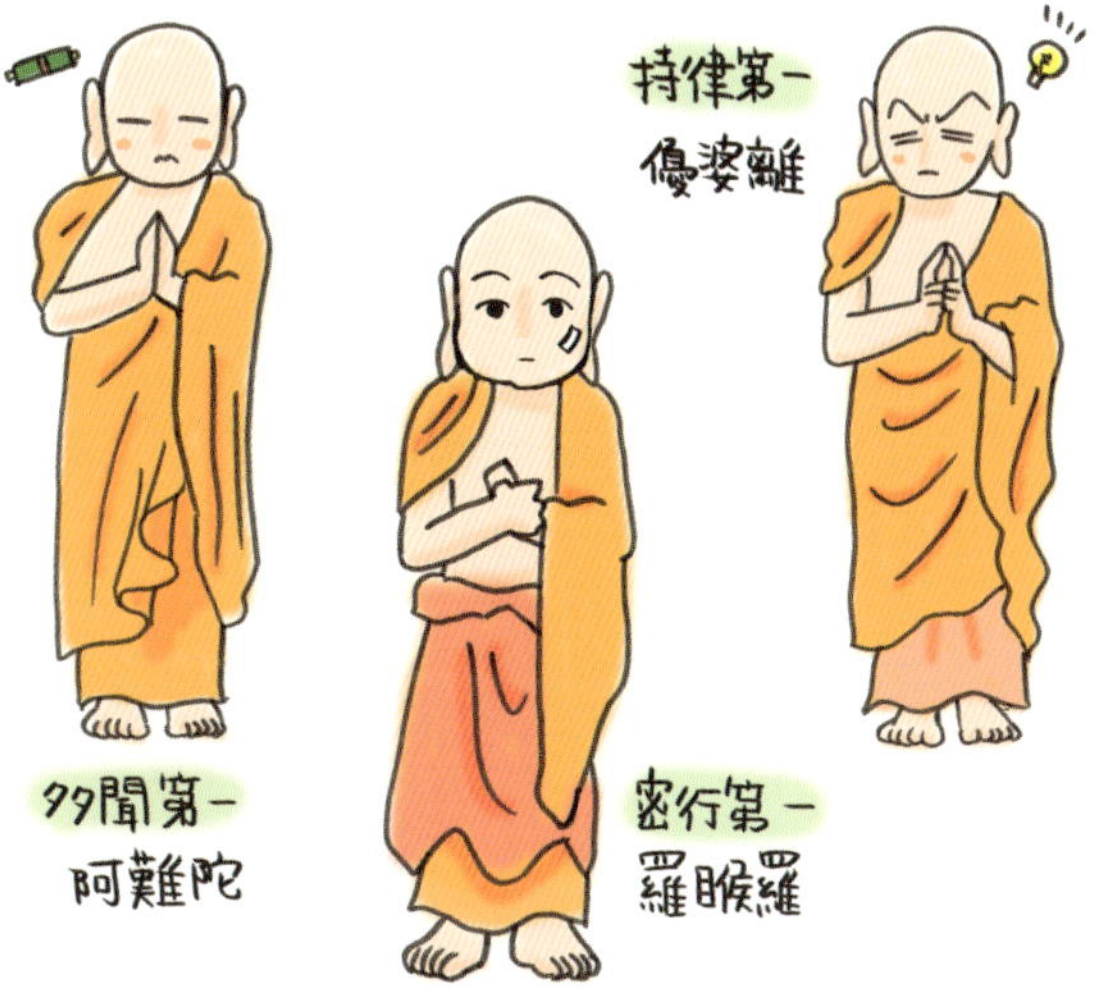

十六羅漢【じゅうろくらかん】

羅漢は、初期の仏教では修行者のなかで最高の位

釈迦は入滅の際、仏法を護って伝えていくよう十六人の弟子に遺言したと、玄《げん》奘《じょう》が訳した『法住記《ほうじゅうき》』には記されています。この弟子たちが十六羅漢です。

十六羅漢のうち代表的なのが、賓頭盧《びんずる》尊者（賓度羅跋羅堕闍《びんどらばらだじゃ》）。すぐれた神通力を人前で披露したため、釈迦に呵責《かしゃく》されたと伝えられます。自分の病気と同じ部分の賓頭盧像の箇所をなでると治るという俗信があり、「おびんずるさま」として堂の前に安置されています。

1	賓度羅跋羅堕闍尊者	びんどらばらだじゃそんじゃ
2	迦諾迦伐蹉尊者	かなかばっさそんじゃ
3	迦諾迦跋釐堕闍尊者	かなかばりだじゃそんじゃ
4	蘇頻陀尊者	そひんだそんじゃ
5	諾距羅尊者	なくらそんじゃ
6	跋陀羅尊者	ばだらそんじゃ
7	迦哩迦尊者	かりかそんじゃ
8	伐闍羅弗多羅尊者	ばしゃらほったらそんじゃ
9	戎博迦尊者	じゅはくかそんじゃ
10	半諾迦尊者	はんたかそんじゃ
11	羅怙羅尊者	らごらそんじゃ
12	那伽犀那尊者	なかさいなそんじゃ
13	因掲陀尊者	いんかだそんじゃ
14	伐那婆斯尊者	ばなばしそんじゃ
15	阿氏多尊者	あしたそんじゃ
16	注荼半託迦尊者	ちゅうだはんたかそんじゃ

十六羅漢は
剃髪した
修行僧の姿で
表される
ことが
多いです

賓度羅跋羅堕闍

迦諾迦伐蹉

迦諾迦跋釐堕闍

達磨【だるま】

ダルマはサンスクリット語で法（真理）という意味

六世紀ごろに実在した人物です。南インドの出身で、バラモン国王の第三子として生まれました。禅を伝えるために中国に渡り、禅宗の第一祖といわれています。北魏《ほくぎ》・嵩山《すうざん》の少林寺《しょうりんじ》にて九年間、壁に向かい座禅を組んでいた（面壁《めんぺき》九年という）結果、手足が衰えてしまったそうで、伝説になりました。

この話から手足のない張子《はりこ》のダルマが民間に広まります。禅宗絵画では、丸顔に大きな目鼻が特徴です。

あの
ダルマの置き物の元になった人です
座り続けて丸9年…

代表的な寺

群馬・少林山達磨寺
静岡・富士見山達磨寺
奈良・片岡山達磨寺

鑑真

【がんじん】

渡航失敗と失明の苦難を乗り越え、戒律布教のため来朝

唐の時代の揚州に生まれました。十四歳のときに出家し、長安や洛陽で修行に励みます。

日本の僧の懇請《こんじょう》により、戒律を教えるため日本への渡航を試みますが、五度失敗に終わります。失明したうえ、十二年の歳月を経て、六十七歳のときに来朝しました。

日本では篤《あつ》く歓待を受け、東大寺に戒《かい》壇院《だんいん》を築きます。また、唐招提寺を創建し、初代住持《じゅうじ》を務めました。

何度も
荒波を越えてきた
視力を失ってまで
日本に来た
伝説の
努力の人！

代表的な寺　奈良・唐招提寺

聖徳太子

【しょうとくたいし】

仏教を篤《あつ》く保護し、数々の伝説を残した旧一万円札の偉人

用明《ようめい》天皇の第二皇子で、本名を厩戸皇《うまやどのおう》子《じ》といいます。二十歳のとき、推古天皇の摂政となりました。

「十七条憲法」「冠位十二階」の制定や、遣隋使の派遣が有名な功績です。また、大阪・四天王寺や奈良・法隆寺を建立し、仏教の布教にも貢献しました。

没後早々に太子信仰は広まり、太子に関する説話が『聖徳太子伝暦《りゃく》』という伝記にまとめられ、これを基にした影像や絵画が、数多く作られています。

代表的な寺

奈良・法隆寺
大阪・四天王寺
京都・広隆寺

最澄【さいちょう】

清和《せいわ》天皇から贈られた「伝教大師《でんぎょうだいし》」は、日本初の大師号

日本の天台宗の開祖です。近江《おうみ》（滋賀県）の生まれで十二歳のときに出家。修行のため比叡山《ひえいざん》に入り、延暦寺の一乗止《いちじょうし》観院《かんいん》（のちの根本中堂《こんぽんちゅうどう》）を建立しました。

桓武《かんむ》天皇の信頼を受け、若くして内供《ないぐ》奉十禅師《ぶじゅうぜんじ》に任ぜられます。唐に渡り、天台、大乗戒、禅、密教を学びました。

入唐の翌年に帰国し、宮中で桓武天皇の病気平癒を祈願。同年、天台宗を開宗します。没後四十四年経ってから、「伝教大師」の号を贈諡《ぞうし》されました。

法華経を広めました
空海と親しかったけど…のちに絶交!!

代表的な寺
兵庫・一乗寺
滋賀・観音寺
滋賀・高野神社

空海

【くうかい】

福祉や教育面での功績も高く、能書家としても著名

「弘法大師《こうぼうだいし》」の名で知られた真言宗の開祖です。讃岐《さぬき》（香川県）出身で、十五歳で上京。大学に入学し儒学を習いますが、中退して出家、仏門に入ります。

三十一歳のとき、唐に渡って密教を学び、二年後に帰国。その後は嵯峨《さが》天皇より高野山や東寺を賜《たまわ》り、密教の研究に没頭し、そして真言宗を開きました。

また、庶民のための学校を創設したり、溜池を整備するなど、公共的な事業にも力を入れました。

代表的な寺
京都・東寺
京都・神護寺
神奈川・青蓮寺

空也

【くうや】

各地を遍歴して、庶民に「南無阿弥陀仏」を布教

浄土教を民間に広めた第一人者。つねに「南無阿弥陀仏」の念仏を唱えていたので「阿弥陀聖《あみだひじり》」と呼ばれ、また民衆の教化に尽力したため「市聖《いちのひじり》」ともいわれています。井戸の掘削や道路整備、橋の建設等の社会事業も行っていました。

長く諸国を遍歴していましたが、比叡山にて受戒。「光勝」の号を受けました。享年は七十歳です。

口から六体の仏が出ている像が有名で、念仏を視覚化しています。

代表的な寺

京都・六波羅蜜寺
京都・月輪寺
愛媛・浄土寺

法然
【ほうねん】

非常に聡明で、仏教聖典の総集『大蔵経《だいぞうきょう》』を五回完読

浄土宗の開祖です。父は夜討ちに遭い亡くなりますが、遺言から出家を決意し、比叡山で天台宗を修学しました。そこで「源空《げんくう》」という名を授かり、のちに「円《えん》光大師《こうだいし》」の号も賜《たまわ》ります。善導《ぜんどう》が著した『観無量寿経疏《かんむりょうじゅきょうしょ》』を読み開眼し、浄土宗を開いたのは四十三歳のときです。

念仏の教えを説いてまわると、階層を問わず急速に信仰が広まりましたが反感も買い、念仏停止《ちょうじ》の断が下され、四国へと流されます。晩年は帰京しました。

南無阿弥陀仏
四国に流されたこともあります

代表的な寺
京都・知恩院
奈良・當麻寺